MONASTERE
NOTRE-DAME
de
L'ATLAS

Midelt. In der geografischen Mitte von Marokko liegt die Stadt, ca. 200 km südlich von Fes, an einem Berghang des Atlasgebirges. Hier lebt eine vierköpfige Gemeinschaft von Trappisten-Mönchen.

Ihr Kloster haben sie *Unserer Lieben Frau vom Atlas* genannt. Genau wie das frühere Kloster in Tibhirine, in dem einer von ihnen einst lebte. Frère Jean-Pierre Schumacher ist der letzte Überlebende eines Massakers, das die Welt bewegte.

Jean-Pierre denkt jeden Tag an die sieben ermordeten Brüder.
Es ist ihm ein Anliegen, dass sie nicht vergessen werden.
Darum erzählt er in diesem Buch seine und ihre Geschichte.

Eine Geschichte voller Liebe – zu Gott und den Menschen.
Wenn die Brüder in aller Frühe in der Kapelle die Eucharistie feiern, stehen sie unter dem alten Kreuz aus Tibhirine.

Im Habit der Trappisten:
Jean-Pierre im Kreuzgang
des Klosters.

Freddy Derwahl

Der letzte Mönch von Tibhirine

Mit Fotos von Bruno Zanzottera

adeo

Den Mönchen von Midelt in Dankbarkeit

Man kann sieben Blumen zertreten, aber man kann den Frühling nicht hindern, wieder aufzublühen.

Ein Unbekannter im Kondolenzbuch bei der Gedenkfeier für die sieben ermordeten Mönche 1996 in Paris.

Kapitel 1

Im Schatten schwarzer Berge

In den hinteren Gebäuden des Atlas-Klosters befindet sich ein „Tee-Salon". Salon, so lautet in dieser Kaschemme zwar nur der über den Eingang gepinselte Name, dennoch reichen zwei Bänke und klapprige Tischchen aus, um gute Gespräche zu führen. In einer Nische stehen Dosen mit Tee und ein Gaskocher. Zweimal am Tag, um 10:30 und um 16:30 Uhr, trifft sich in diesem engen Raum eine verschworene Gemeinschaft: vier französische Trappistenmönche und ihre drei marokkanischen Arbeiter. Omar, ein 56-jähriger Moslem mit feurigen schwarzen Augen, ist der „Chef" und für das Aufgießen zuständig. Er schüttet das heiße Wasser in einen zerbeulten, mit frischer Pfefferminze vollgestopften Kessel. Der Geruch ist das Beste; er verbreitet Vorfreude.

Ich habe die Unumgänglichkeit dieses Ortes noch zu lernen. Schlägt die Stunde der Pause, eilt Bara, eine verwitwete Schwägerin von Omar, durch die Flure des Gästehauses, klopft an die Zellentüren und ruft: „Tee, Tee ...", als sei irgendwo Feuer ausgebrochen. Im „Salon" begrüßt jeder jeden mit Handschlag und wünscht einen guten Tag oder guten Abend, selbst dann, wenn man sich zuvor schon mehrmals begegnet ist. Das ist Teil der moslemischen Lebensart und bekräftigt die Solidarität. Das gezuckerte, heiße Getränk ist von hervorragender Qualität, sein Genuss beschränkt die Gespräche auf das Nötigste. Man nennt sich beim Vornamen, sitzt im selben Boot. Auch der Prior trägt Jeans und T-Shirt. Er hat die Regel des „Ordens der Zisterzienser von der strengen Observanz" für die Dauer einer Viertelstunde außer Kraft gesetzt und den Gewohnheiten der moslemischen Nachbarn angepasst. Das sind die kleinen interreligiösen

Nahtstellen im langen Tagesablauf, der für die Mönche von der Vigil um 4 Uhr bis zur Komplet um 21 Uhr dauert.

So haben die Tee-Pausen in diesem Abstellraum starken symbolischen Charakter für das, was hier am Fuße des Hohen Atlas auf einem einsamen Vorposten des christlichen Mönchtums geschieht: ärmliche Einfachheit, herzliche Freundschaft, ein Hauch praktizierter Avantgarde einer Handvoll mutiger Männer im weiten Meer zweier Weltreligionen. Wenn sich die Trappisten und ihre Arbeitsgehilfen mehrmals am Tag die Hände geben und sich „Salam – Frieden" wünschen, sind das zwar spärliche Gesten, aber sie reichen dennoch über alle Formen offiziellen Dialogs hinaus. Man bildet sich nichts darauf ein, doch weiß man auch, dass es anders als mit ganz kleinen Schritten nicht geht. Man erwartet keine Tapferkeitsorden, sondern nur etwas Verständnis.

Von der Königsstadt Fès bis hierher an unser Ziel, der Gebirgsstadt Midelt, waren es 200 Kilometer. Die Fahrt führte von den uralten Stätten islamischer Weisheit und Gelehrsamkeit hinaus aufs einfache Land. Das soziologische Fresko reicht von der schönen Studentin in engen Jeans bis zu den verarmten Hirten mit Ziegen- und Schafherden, die zwischen Distelblüten nach Grün suchen. In Infran steht wohlbehütet eine königliche Residenz, vor den braunen Nomadenzelten steigt Rauch in den Himmel empor. Die bunte Wäsche flattert wie die Fähnchen tibetanischer Bergbauern im heißen Wüstenwind. Marktorte wie im Wilden Westen. Da und dort dichte Wälder, die sich gegen Fels und Sand behauptet haben. An den spärlichen Bächen Fußball spielende Kinder in Barcelona-Trikots. Entlang der Landstraße Honig- und Feigenverkäufer. Meist jedoch viel Weite, viel Einsamkeit, bis plötzlich in der Mittagshitze ein alter, bärtiger Mann mit seinem Lasttier auftaucht, von dem man sich fragt, woher er kommt und wohin er geht. Eine Erscheinung in der Mitte von Nirgendwo.

Dann die Grate des Atlas, die vom Osten kommend in die Höhe steigen und am Arachy 3.270 Meter erreichen. Die Silhouette des Massivs liegt noch im Dunst, färbt sich jedoch in der Umgebung von Midelt zunehmend in mächtiges Schwarz, wie eine Wand. Dahinter vermutet man die Unendlichkeit der Sahara und die Tore ins schwarze Afrika. Obwohl sich die Lichtspiele auf diesen Höhen am Tag mehrmals ändern und sie spätestens im Herbst schneebedeckt sind, werde ich sie in den nächsten Wochen „die schwarzen Berge" nennen. Diese Farbe sticht stark hervor und umhüllt die Landschaft des Übergangs mit mythischer Kraft. Vom Fenster der Klosterzelle aus werde ich ständig auf die Bergkette blicken, immer wieder gebannt von einer Kraft, von etwas, dass mich aufsteigen lassen möchte, dem „Heiligen" entgegen.

Midelt ist eine graue, unauffällige Stadt. Ihre beste Zeit als Zentrum der Erzminen liegt lange zurück. Jetzt erstreckt sie sich in alle Himmelsrichtungen im Schatten des Bergmassivs. 60.000 Einwohner leben weitverzweigt in den Hügeln des Vorgebirges. Vom Ortsrand geht es noch zehn Minuten über eine Seitenstraße bis zum Kloster. Die simple Bauweise dieser Vorstadt endet plötzlich an einer hohen Mauer. Zwei Wachtürme flankieren das verriegelte Eingangstor. Dahinter liegt ein Schotterhof, einem Kasernenplatz nicht unähnlich, die Fenster sind vergittert, die Stille am Nachmittag ist erschreckend. Der erste Gedanke geht nach Tibhirine, dem algerischen Kloster der sieben enthaupteten Mönche. Alles wirkt defensiv, als wolle man einen neuerlichen nächtlichen Anschlag namenloser Angreifer verhindern. Obwohl dieser militärische Eindruck täuscht und die Architektur auf ein ehemaliges Kloster franziskanischer Schwestern zurückgeht, bleibt der Name „Tibhirine" auf Schritt und Tritt präsent.

Bereits gegenüber der Klosterpforte steht es auf einer Türe zu lesen: Mémorial. Hinter der Tür befindet sich auf engem Raum eine Gedenkstätte, die an eine kleine Totenkapelle erinnert und für all jene Besucher bestimmt ist, die im Kloster Unserer Lieben Frau vom Atlas den sieben Märtyrern von Tibhirine die Ehre erweisen und sich in das ausliegende Gedenkbuch eintragen wollen. Das Marienbild in der Apsis der benachbarten Klosterkapelle stammt aus dem Gebetsraum der algerischen Trappisten. Die sieben Schlafenden sind in leuchtenden Farben auf einer Ikone dargestellt. An den Wänden des Gästeflügels ihre Fotos. Als Lektüre liegt, neben Werken von Papst Johannes Paul II. und Zisterzienser-Autor Guillaume von St. Thierry, die florierende Literatur über die Ermordeten aus. Schließlich erinnert ein Plakat an „Von Menschen und Göttern", den Film von Xavier Beauvois, der das Mysterium Tibhirine, das weltweit starke Aufmerksamkeit erregte, in Szene setzte. Da sieht man sie noch einmal um den Tisch ihres kleinen Kapitelsaals versammelt, in dem die entscheidenden Versammlungen stattfanden, in denen sie sich entschieden, der Bedrohung durch die „Brüder aus den Bergen" nicht nachzugeben. „Zur Nacht", sagten die Mönche, „nehmen sie die Waffen und wir nehmen das Buch."

Selbst in meiner Zelle finde ich einen Gedenkzettel mit den sieben Köpfen und einem Gebet des Andenkens. Drei auf drei Meter, der spartanische Raum. Die einzige Konzession an Farbe ist eine Marienikone mit Palmzweig in einer Mauernische. Auf dem Ecktischchen ein Leselämpchen, eine Kleinausgabe der Jerusalem-Bibel. Ich habe nur drei Bücher mitgenommen: „Jesus von Nazareth" von Papst Benedikt XVI. (um in Form zu bleiben), „Dieu pour tout jour" von Christian de Chergé, dem ermordeten Prior von Tibhirine (als christlich-islamische Einführung), sowie Ernst Jüngers „Siebzig verweht" (ein Tagebuch zur stilistischen Übung). Gegenüber eine Kleiderablage, ein Waschbecken, ein Spiegel. Neben dem herrlich harten Bett ein Nachttisch. Vor dem Fenster ein kleiner Blumengarten mit Malven, Nachtschönen (Wunderblume) und Kakteen, dahinter die Kette der schwarzen Berge. Ein Ausblick, der für Wochen reicht.

Als Jean-Pierre am späten Nachmittag nach meiner Ankunft im Eingang des Tee-Salons erschien, haben wir uns gleich umarmt. Er wusste, was ich von ihm erwartete: Ich hoffte, dass er mir alles erzählen würde. Der etwas gebeugte 87-jährige Trappistenmönch ist guter Dinge. In seinen blaugrünen Augen ein verschmitztes Lächeln, viel Güte verbirgt sich dahinter. Auf der Stirn und dem Kinn tiefe harmonische Falten. Es sind keine Sorgen-, sondern Weisheitsfalten. Er trägt das in diesem Klima übliche sandfarbene Habit mit Ledergürtel und auf dem Kopf einen gestrickten Terbouche mit islamischen Motiven. Ich wusste zwar, dass er Schumacher hieß, doch nicht, dass er aus Luxemburg stammte. An der Mosel, im luxemburgisch-deutsch-französischen Dreiländereck, hatten wir gemeinsame Bekannte. Damit hatten wir schon den ersten Gesprächsstoff. Am nächsten Morgen um 10:30 Uhr setzten wir uns erstmals zusammen. Unser einziges Thema: sein Leben. Das Massaker an seinen sieben Brüdern von Tibhirine lag 15 Jahre zurück, er blieb von dem Anschlag verschont, wohin führte ihn sein Schicksal?

Im Kloster von Midelt gehört man zu einer etwas größeren Familie, man duzt sich. Selbstverständlich gilt das ebenfalls für den Prior, wenn das auch Probleme schafft, denn Frère Flachaire heißt wie Frère Schumacher ebenfalls Jean-Pierre mit Vornamen. So nennt man den einen den „Älteren“ und den anderen den „Jüngeren“. In diesem Buch werden wir sie, zur besseren Unterscheidung, einfach „Prior“ bzw. „Jean-Pierre“ nennen. Auf Abkürzungen wie P. (Pater), Fr. (Frère) oder Br. (Bruder) verzichte ich; es passt nicht in diesen mönchischen Freundeskreis, und die Personen sind für den Leser besser unterscheidbar.

Jean-Pierre und ich sind uns 1987, knapp zehn Jahre vor der Entführung, in Tibhirine schon einmal begegnet. Er als Mönch, der für Botengänge zuständig war, die einige Zeit später lebensgefährlich wurden, ich als „Beobachter“ oder, wie die Trappisten sagten, als „der Neue“. Es war die Zeit des islamischen Fastenmonats Ramadan, und ich erinnere mich noch, dass wir beide die Gewohnheit hatten, bei Anbruch der Nacht eine Zeit schweigend auf dem flachen Dach des Klosters zu verbringen. Es wehte ein lauer Wind, am Himmel funkelten die Sterne, und gegenüber, in den Dörfern des Atlas-Gebirges, feierten die Einwohner überschwänglich das Fastenbrechen. Jean-Pierre fiel mir damals auf, weil er mich an meinen Vater erinnerte. Die breite Stirn, das lichte Haar und auch das ruhige Wesen.

Vor der ersten Vesper in der Kapelle von Midelt fiel mir diese Haltung bei Jean-Pierre erneut auf. Der Alte kniete auf dem Fußboden, später las und sang er vor, die Brille auf der Nasenspitze. Wegen der Hitze hatten die vier Mönche auf die schweren weißen Kukullen verzichtet. Eine einfach gekleidete Gemeinschaft, die Psalmen aus dem Alten Testament rezitierte und für die armen, verletzten und suchenden Menschen in der Welt betete. Das Kloster ist „Unserer Lieben Frau vom Atlas“ geweiht, so hieß es auch in Tibhirine. Die Bezeichnung „Liebe Frau“ geht weltweit jedem Namen einer Trappistenabtei voraus. Hier, mitten im Islam, dessen Koran auch Maria verehrt, macht es einen besonderen Sinn. Es schafft Übergänge, deren stille Verbindlichkeit den christlichen Gästen dieses Landes so sehr am Herzen liegt.

Als um 20:30 Uhr die Komplet, das Nachtgebet, begann, wurde diese Nähe greifbar. In den alten gregorianischen Gesang des Salve Regina, in dem man sich der „Mutter der Barmherzigkeit“ anvertraut, mischten sich die Gebetsrufe der Muezzin von den spitzen Türmen der Moscheen. Das Leise und das Laute und in der Tiefe doch eine Spur Gemeinsamkeit.

Draußen nahte die Nacht. Die Berge waren schwarz und in den Bäumen rauschte ein kräftiger Wind.

Stundenbuch ~ Notre-Dame de l'Atlas
19. Juli 2011

7:15 Uhr: Heilige Messe. Das Sanctus und das Vaterunser auf Arabisch, obwohl kein Moslem die Kapelle je betritt. Der gekreuzigte Gott ist für sie unvorstellbar. Aber man versteht es als Geste. Vieles erfüllt sich hier nicht, doch bleibt man offen.

Jean-Pierres gebeugte Gestalt im Chor. Ab heute ist er mein Gegenüber, mein Partner, ich wünsche ihn mir als väterlichen Freund. In seinen Augen nichts als Güte, aber sie lassen auch Abenteuer erahnen; er hat den Tod gesehen.

Die hohen Stimmen der Frauen. Es sind die Franziskanerinnen, die schon seit Jahrzehnten hier leben, alle über achtzig und ohne Habit. Bescheidene, namenlose Heldinnen.

8:00 Uhr: Frühstück mit Nunu, einem 34-jährigen spanischen Minderbruder, der sich hier auf seine ewigen Gelübde vorbereitet. Er sieht aus wie der Sänger Julio Iglesias, nur etwas struppiger. Seit fünf Jahren arbeitet er in Granada, Sevilla und Tanger in kleinen Gemeinschaften: Behinderte, Betagte, Sterbende, denen ansonsten keiner hilft. Jean-Pierre bezeichnet er, nach seinen Gesprächen mit ihm, als „die Perle, der Schatz im Acker".

10:30 Uhr: Nach dem Tee sagt Jean-Pierre: „On y va – Gehen wir." Es kann auch als Frage gemeint sein, doch steckt etwas von jener Disziplin der Zisterzienser dahinter, deren Tagesablauf sich streng nach den Glockenschlägen richtet. Dann schließt er mir die Türe zum „Mémorial" auf, dem kleinen Gedenkraum für seine sieben Brüder, die mit durchgeschnittener Kehle im Bergland von Tibhirine sterben mussten.

Am Boden ein siebenarmiger Leuchter, darüber die Porträts der Ermordeten sowie des damals überlebenden, inzwischen aber verstorbenen Amédée. Auf einem Lesepult eine Kopie des handgeschriebenen Testaments von Christian, dem Prior. Weltweit beachtet, richtet sich der Text zum Schluss an den „Freund der letzten Minute“. Erschütternde Kleinschrift.

Das Gästezimmer, Ort unserer täglichen Begegnungen, alles sehr marokkanisch. Ich brauche nur ein Wort zu sagen und der alte Mann beginnt zu erzählen.

12:30 Uhr: Mittagessen am runden Gästetisch, Zucchini-Suppe und Zwiebelfladen, eiskaltes Wasser. Das Schweigegebot wird locker interpretiert. Prudi, eine kleine, rüstige Andalusierin, berichtet von ihrem Bekehrungserlebnis vom Islam zum Christentum: Das Drama von Tibhirine hatte sie ergriffen.

15:10 Uhr: Die Siesta ist großzügig bemessen, drei Stunden. Die Hitze erreicht ihren Höhepunkt, 41 Grad. Die erste Begegnung mit Jean-Pierre stimmt sehr zuversichtlich. Fast kommen wir ohne Fragen aus, sein Leben beginnt wie eine schöne Erzählung. Sonderbar, hier im tiefen Marokko aus europäischen Träumen zu erwachen. So schleppt man seine tieferen Geschichten bis an die Atlas-Kette; Freud wäre machtlos. Ich öffne den Vorhang, strahlende Helle.

15:45 Uhr: None, das Gebet der neunten Stunde, Christus-Agonie. Die härteste Tageszeit, selbst in der Kapelle lastet die Hitze. Hier kann ein Tag kippen.

16:30 Uhr: Lektüre der ersten Gesprächsnotizen, drei randvolle DIN-A4-Seiten. Die Aufzeichnungen bestärken mich darin, zu werden, was ich sein soll: ein Autor, der über die Sehnsucht nach Gott schreibt. Das heißt, ihn über die Höllenfahrten zu finden.

21:00 Uhr: Frischer Wind zwischen den Kiefern. Unmittelbar nach der Komplet beginnt die „große Stille", die der heilige Benedikt in seiner Regel vorschreibt. Über den Bergen noch eine Spur Sonnenlicht, glutrot. Der Wärter hat alle Tore verriegelt. Ich bin jetzt hier eingeschlossen, aber das hat wohl seine guten Gründe.

Kapitel 2

Die Mühle von Buding

Buding ist ein Ort im Dreiländereck von Frankreich, Luxemburg und Deutschland. Mit 488 Einwohnern zu klein, um ihn Gemeinde zu nennen. Doch mit den Augen eines Kindes betrachtet, ist er die ganze Welt. Jean-Pierre hat sich auch mit 87 Jahren das Strahlen solcher Augen bewahrt und sagt über diese Heimat: „Es war ein Land der Träume, es war ein Paradies." Mittelpunkt dieser Herrlichkeit war eine Mühle. Sie lag einen Kilometer vom Ortskern entfernt, ein einsames Anwesen am Rande der Canner, einem Nebenflüsschen der Mosel, die man hier die „große Schwester" nennt. Meanderhaft zog das klare Wasser bis zur Mündung in Köningsmacker durch die Wiesen. Der Eselsweg verband das Haus mit der Landstraße nach Elzing. Am Ende des Waldpfades hatte der Vater 1930 eine Brücke gebaut, die später im Weltkrieg mehrmals gesprengt wurde, um das Vordringen des Feindes aufzuhalten.

Ringsum die Idylle von Wald, Wiesen und Feldern. Jean-Pierre hat in jungen Jahren Fotos gemacht, matte Bilder eines stillen Landstrichs, der von den Einwohnern gern zur „lothringischen Schweiz" gezählt wird. Eine Liebeserklärung, die großzügig verschweigt, dass hierzulande hart gearbeitet werden musste. Doch schaffte es auch ständige Verbindungen mit Lieferanten und Händlern. Im letzeburgischen Platt hieß es in Buding: „Ech gin and Millen", und jeder wusste, was gemeint war. Alle gehörten zum Großherzogtum Luxemburg, wobei man zwischen einer kaum zu überhörenden Neigung zu Frankreich und einigen Widerständen gegen das kriegerische Deutschland unterschied. Gesungen wurde die Nationalhymne „Mer blijve wat mer sinn", wobei Jean-Pierre leise hinzufügt: „Mer wolle ken Prüsse sinn."

Der Großvater mütterlicherseits, Jean-Pierre Schweitzer, hatte die Anlage mit den drei Wasserrädern erworben und war mit zwei Pferden und dem Planwagen über Land gezogen. Der Vater Emil Schumacher baute die Mühle aus, schaffte fünf Kühe, zwei Pferde, Hühner und Kaninchen an. Es gab Milch, Butter, Sahne, Brot und Käse. Im Winter wurden die Schweine geschlachtet und Würste, Schinken und Leberpasteten produziert. Kam es im Frühjahr zu Überschwemmungen, lag die Mühle still zwischen den Flussarmen, doch wurde dann Lederzeug für die Tiere oder landwirtschaftliches Werkzeug repariert. Auch gab es einen großen Gemüsegarten und Obstbäume, die mit dafür sorgten, dass die Müllersfamilie autark und frei von Zwängen leben konnte. Herrschte ringsum irgendwo Not, war der Vater stets zur Stelle, um mit Lebensmitteln auszuhelfen. Eine Magd orthodoxer Herkunft sowie ein Knecht, der dem Vater zur Hand ging und die Kunden belieferte, mussten eingestellt werden. Beide gehörten wie Bruder und Schwester zur Familie. Jean-Pierre bedeutete der Zusammenhalt mit den Fremden viel. Als sie später in den Kriegswirren verschwanden, traf ihn das schwer.

Damals gab es im Canner-Tal vierzehn Mühlen. Viele Lehrlinge kamen aus Bayern dorthin, um die Sprache zu lernen. Luxemburg galt als gastfreundliches Land. Bei den Bauern und Handwerkern mehr noch als in den Städten. Auch gab es dort eine selbstverständliche Bereitschaft, einander zu helfen. War Not am Mann, packte jeder mit an.

Neben der großen Küche der Schumachers drehte ein Mühlrad für das Viehfutter, ein anderes für den Gips, ein drittes mahlte Mehl. Das Wasser, sein Geruch, seine Geräusche waren ihr Zuhause. Das Mehl. Die frommen Schumachers haben sehr früh religiöse Bezüge dazu hergestellt. Im Nachtpsalm der Kirche heißt es bei Anbruch der Dunkelheit: „Du legst mir größere Freude ins Herz, als andere haben bei Korn und Wein in Fülle.“ Der Vater verwies auf den Vorgang des Mahlens als „Arbeit für die Reinheit“. Jean-Pierres poetisch veranlagte

Schwester Marie-Thérèse fand in der Heiligen Schrift Passagen, die das Brot als Symbol eines Lebens rühmten, „das immer währt und nie enden wird ...“.

Jean-Pierre wurde am 15. Februar 1924 in Buding geboren und war der Älteste von fünf Brüdern und zwei Schwestern. Ein Brüderchen starb mit acht Monaten. Der Schreiner zimmerte einen kleinen Sarg und die Mutter legte den toten Sohn hinein. Der spätere Mönch erinnert sich intensiv an dieses Ritual: „Überhaupt gab es etwas Monastisches in unserer Familie. Der Sonntagsmesse folgte am Nachmittag die Vesper. Die Hochfeste wurden mit besonderem Glanz gefeiert: Um Weihnachten schmückte Vater den Christbaum, um Ostern versteckte Mutter die gefärbten Eier im Garten, zu Sankt Nikolaus stellten wir Kinder Teller auf den Fenstersims.“ Und im Februar gab es für das Geburtstagskind Jean-Pierre ein Geschenk.

Es fiel auf, dass die Jungen meist unter sich blieben und den Kontakt zu den Eltern mieden. Nach der Vesper verschwanden sie im Wald, dessen dunkle Schönheit den ältesten Sohn der Schumachers stets fasziniert hat. „Vielleicht“ – er lächelt nachdenklich –, „begann auf diesen Wegen die Geschichte meiner Berufung ...“

Der Schuleintritt bedeutete das Ende der unbekümmerten Spiele. Der Lehrer war außergewöhnlich streng, der überraschte Schüler musste beim Großvater wohnen, täglich die Messe dienen und bei der Tante den Katechismus auswendig lernen. Während der Gottesdienste sang der Organist den gregorianischen Choral. „Ich höre noch heute seine Stimme“, erinnert sich der ehemalige Messdiener, der sich besonders auf die Karwoche freute: In Dreiergruppen mussten sie durchs Dorf ziehen und beim Schmied, beim Bäcker, beim Schneider und den Händlern, von denen ein Drittel Juden waren, Eier sammeln. Wer eine Spende verweigerte, dem schmissen sie ein Ei gegen die Türe.

Die jüdischen Nachbarn und jene orthodoxe Magd haben bei Jean-Pierre ein Gespür für Ökumene aufkommen lassen, ohne dass er dies gesucht hätte. Es war noch zu früh für solche Überlegungen. Dennoch erinnert er sich präzise, dass die Magd die katholische Sonntagsmesse besuchte und auch zur Beichte ging. Die Juden kamen bei Beerdigungen in das Gotteshaus und verließen es wieder bei der Opferung. Seine jüdischen Mitschüler nahmen nicht am Bibelunterricht teil. Beim Laubhüttenfest zogen die Juden mit Palmzweigen ohne Rinde in die kleine Synagoge. Für den Sündenerlass warfen sie als Zeichen Brotstücke in den Fluss. Als die Deutschen einrückten, verschwanden alle. Nur die Frau des Metzgers kehrte zurück. Als Jean-Pierre in Buding seine Primiz feierte, verließ die jüdische Frau ihr Haus und kam in die Prozession, um ihm zu gratulieren. Er sagt: „Ich habe diese Geste geliebt".

Die schwarze Liturgie des Karfreitags begann bei einbrechender Dunkelheit, wenn der Frühlings-Vollmond am Himmel stand. Der Organist sang die Klagen des Propheten Jeremia. Die Messdiener durften die Rasseln drehen, da „die Glocken nach Rom geflogen waren", und in der Folge des erschütternden Gesangs die dreizehn Kerzen löschen.

Das Fronleichnamsfest war nicht minder aufregend: In der Prozession wurden Birkenäste mitgeführt, Häuser und Fenster waren mit Blumen und Tannengrün geschmückt. Die Mädchen gingen in Weiß als Engelchen gekleidet dem Altarssakrament voraus, während sich die Feuerwehrmänner darum stritten, wer von ihnen den „Himmel" tragen durfte. Zum Schluss erteilte der schweigsame Pfarrer den Segen.

Jean-Pierre hatte zu diesem Pfarrer, der wegen des Konkordates in der Schule die Bibelkunde unterrichten durfte, ein etwas zwiespältiges Verhältnis. Dennoch erinnert er sich an einen gemeinsamen

Gang mit dem Priester zum Bahnwärterhäuschen an der Kohle- und Stahlstrecke zwischen Saarland und Lothringen, wo er zum ersten Mal einen Sterbenden sah, der die letzte Ölung erhielt. Eine prägende Erfahrung, die bei seiner späteren Berufung eine kleine Rolle gespielt hat: erste Todeserfahrung eines sensiblen Jungen.

Gelächelt hat er oft über den Kirchenschweizer, der während der Gottesdienste die „Polizeigewalt" innehatte und sich bei der aufmüpfigen Kinderschar und den herumalbernden Messdienern mit den rot-weißen Kragen mit seiner spitzen Lanze Respekt verschaffte. Wer nicht gehorchte, musste zur Strafe im Mittelschiff niederknien.

Jean-Pierre erinnert in diesem Kontext an die Us et Coutumes (Sitten und Bräuche) in den vorkonziliaren Trappistenabteien, wo sich nach einem „Schuldkapitel" mit Selbstanklage die „Sünder", die etwa einen Teller hatten fallen lassen, zwischen den Eingangspfosten zum Speisesaal auf den Boden legen mussten, bis die ganze Gemeinschaft über sie hinweggeschritten war. Es ärgert ihn noch heute, dass die schlimmste Strafe darin bestand, sich auf den Knien bei den anderen Mönchen sein Essen zusammenzubetteln und es auf dem Boden des Refektoriums essen zu müssen. Da die mit Löffeln und Tellern speisenden Mönche bei den Tischdienern nichts für sich, sondern nur für ihre Nachbarn bestellen durften, war es eines Tages zu einem kuriosen Vorfall gekommen: Einer der Patres fand in einer Suppe eine Maus und reklamierte in der damals vorgeschriebenen Zeichensprache, seine beiden Nachbarn hätten keine Maus erhalten ...

Marie-Thérèse Schumacher, die jüngste Schwester von Jean-Pierre, widmete 2004 in dem Bändchen „Der Weg unserer Kindheit – Der Ort namens Mühle von Buding" der alten Heimat einen rührenden Nachruf, der viel aussagt über das stille Glück dieser Müllersfamilie, die sich aus eigener Kraft und Solidarität behauptete und in den umliegenden Dörfern einen guten Namen hatte. Hier traf man sich bei

Pasteten und Gebäck zu den Festen, die am Canner stets drei Tage andauerten. Der Zusammenhalt dieser Gemeinschaft kam auch bei den sonntäglichen Familientreffen zum Ausdruck. Montags war immer Totengedenktag, den alle mit einer Messe begingen.

Auf die Frage, ob er seine Eltern gefürchtet hat, antwortet Jean-Pierre, dass sie zugleich gut und streng waren. Vor dem rechtschaffenen Vater ging er manchmal in Deckung. Die Mutter gab ihm mit ihrer liebevollen Art alles, was eine Kindheit und Jugend angenehm macht. In den Ferien ging es nach Luxemburg auf den Hohenfels, wo die Tante Waldbeerfladen spendierte. Aber man arbeitete auch auf den Feldern hart zusammen. Weizen, Rüben, Kartoffeln – es gab viel zu tun.

Die Familie musste einen schweren Schlag hinnehmen, als der 76-jährige Vater schwer erkrankte. Die Mutter pflegte ihn bis zuletzt. Jean-Pierre war damals schon Mönch in Algerien, sah aber den Vater auf dem Sterbebett noch und hat bis heute seine letzten Worte nicht vergessen: „Der Herr kümmert sich auf eine besondere Weise um die Eltern eines Priesters." Die Mutter verlebte ein glückliches Alter; sie war immer eine starke Frau und starb mit 89 Jahren. Im Sarg hat der Sohn sie gesegnet.

Stundenbuch ~ Notre-Dame de l’Atlas
20. Juli 2011

03:30 Uhr: *Die beste Erfindung in meiner Zelle ist definitiv das Fliegengitter.*

7:15 Uhr: *Jean-Pierre liest die Messe. Sie wird von den Laudes-Psalmen eingerahmt. Schöpfungsjubel. „Völker klatscht in die Hände.“ Das Gleichnis vom Sämann passt in diese karge Landschaft der Bergbauern und Eselskarren. Jean-Pierre spricht die Wandlungsworte und hebt mit seinen Arbeiterhänden die Hostie hoch. Dann betet er für den Papst und die Verstorbenen. Einige kennt er besonders gut, er wird sie nie vergessen.*

8:10 Uhr: *Nunu, der spanische Franziskaner, kniet während der Messe auf dem Boden. Sein langes schwarzes Haar noch feucht von der Dusche, leuchtende Augen. Er fährt heute ab und sagt, der Aufenthalt habe für ihn den „Durchbruch“ gebracht.*

10:00 Uhr: *Mich überfällt eine Krankheit, die der Prior La Touristica nennt. Auch der Gastpater José-Luis lächelt. Darmkrämpfe und Durchfall seien hier normal. Außerdem machten Schmerzen die Gebete „konkreter“. Na, dann. Weder Tee-Salon noch Mittagessen. Heute Abend will er mir eine Schüssel Reis bringen.*

15:00 Uhr: Während der Siesta kommt Sturm auf. Mächtiges Rauschen in den Nadelbäumen, als tobe hier hohe See. Heulender Wind in den engen Klosterfluren, manchmal schlägt eine Tür. Die flatternden Vorhänge geben ein Stück Himmel preis: blau, bleiern, wolkenlos. Nur die Berge liegen im Dunst, als seien sie die unerschütterlichen Urheber dieses Schauspiels.

16:30 Uhr: Finde beim Sammeln von Informationen über Tibhirine einen Satz aus einem Brief von Christian aus dem Jahr 1978: „Ich bin ein Haus des Gebetes, das zugleich eine Räuberhöhle ist."

19:50 Uhr: Puri sagt beim Spülen, Jean-Pierre halte ihr während der Exerzitien keine Vorträge, sondern interpretiere mit ihr Bibeltexte. „Er steigt tief hinab."

20:00 Uhr: Der Prior hat mich eingeladen, vor der Gemeinschaft zu sprechen. In dem Raum finden die täglichen Kapitelversammlungen statt. An den Wänden vier große Porträts von verstorbenen christlichen Helden und Heldinnen vom Atlas. Vorbilder beim Einsatz in der Einsamkeit. Was soll ich ihnen erzählen in diesem Raum, der so sehr an Tibhirine erinnert, an dem Tisch, an dem die große Entscheidung fiel, nicht vor dem Terror zu weichen? Ich berichte von Reisen und Romanprojekten, die vier hören schweigend zu, niemand stellt eine Frage. Mit zehn Minuten Verspätung verlassen wir den Raum und gehen einer nach dem anderen zur Komplet in die Kapelle.

23:00 Uhr: Der Wind hat sich gelegt, die Wachhunde bellen, ich werde mich offenbar daran gewöhnen müssen. Keine Nachtruhe, doch sagte der Prior, ich könne hier schlafen, wann immer ich wolle, mit Ausnahme der zwei Stunden vormittags vis-à-vis mit Jean-Pierre.

Nachdenken über die Schlafenden in diesem Haus: Die Männer sind ernsthaft und locker. Die Begegnung mit Frauen ist unkompliziert, eine Art zärtliche Keuschheit. Die Mönche wie ältere Brüder, die den Arm um einen legen. Nichts, das sie nicht durchgestanden hätten. Ein völlig anderes Christentum als bei uns im alten Europa.

0:30 Uhr: Diese Hunde sind eine Landplage. Ein Versuch, Schlaf zu finden, „Siebzig verweht", Tagebücher von Ernst Jünger, der mich nicht enttäuscht. Beim Durchblättern allein acht Stellen mit Bemerkungen, die auch zum Drama von Tibhirine passen: Ausharren im Angesicht des Todes.

Kapitel 3

Kriegsjahre

Am Abend des Neujahrsfestes 1936 vermisste die Mutter plötzlich ihren ältesten Sohn. Als sie in sein Schlafzimmer kam, lag er weinend auf dem Bett. Er hatte eine wichtige Entscheidung zu treffen – zu Hause in der väterlichen Mühle arbeiten oder ins Kolleg nach Sierck-les-Bains wechseln. Doch hinter der großen Tristesse lag viel mehr. Seit seinem fünften Lebensjahr wollte Jean-Pierre Priester werden. Alles in seiner Kindheit hatte ihn dorthin geführt: das fromme Elternhaus, seine Nähe zur Pfarrei, der Einfluss der Priester und Lehrer, die Natur ringsum. Als er der Mutter seinen Berufswunsch anvertraute, brach es aus ihm heraus. Er wusste, dass sie sich nicht sträuben würde, und doch war da ein Riss, ein erster Schritt in eine andere Heimat.

Ein Jahr zuvor war seine Mutter bei einem Sturz im Heustall fast tödlich verunglückt. Das hatte die Bande zwischen ihr und den Kindern noch mehr verstärkt. Ihre Arbeitstage waren lang, sie schaffte in der Küche, im Stall, im Garten; sie wusch, fütterte das Vieh. Abends hörte Jean-Pierre sie den Rosenkranz beten. Die Prüfung der schweren Krankheit ihres Mannes nahm sie mutig an. Damals gehörte es zur ländlichen Kultur, dass in den Großfamilien ein Sohn Priester wurde. Sie sagte ihrem schluchzenden Sohn: „Nichts bereitet dem guten Gott mehr Kummer als mangelndes Vertrauen.“

Das Kolleg in Sierck-les-Bains wurde von Maristen geführt, devote Schulbrüder mit einer besonderen Verehrung für die Jungfrau Maria. Es war ein ganz anderes Leben der Ordnung und Disziplin. Der Glaube des fröhlichen Messdieners erhielt eine züchtige Färbung. Alles fiel ihm schwer, er litt still. Zunächst wohnte er noch im Städtchen bei seiner Tante, dann wechselte er ins Internat, wo er beim Direktor als „turbulent und nervös" auffiel. Doch dann erinnerte er sich an den Arbeitseifer, mit dem seine Eltern die Kosten seines Studiums aufbrachten. Sein Lebensstil begann sich zu ändern. Zunächst zögernd, dann radikal, sodass seine Geschwister ihn bald nicht mehr wiedererkannten, wenn er an Festtagen nach Hause kam, wo sein ruhiges Verhalten bei den Mahlzeiten und Spaziergängen auffiel. Die Trennung hatte sich vollzogen, und er glaubte, eine Stimme zu hören, die ihm sagte: „Was du geliebt hast, ist für immer verschwunden."

Der junge Gymnasiast hatte in den ersten Jahren zwei Lehrerinnen, die ihn tief beeindruckten. Er empfand sie in seiner schwierigen Lage als sensibel und aufmerksam. Auch fand er bei ihnen eine sonderbare Mischung aus Anspruch und Zärtlichkeit. Jahrzehnte später nennt er es „mütterliche Pädagogik". In der anbrechenden Pubertät spürte er weiblichen Trost. Nie mehr wieder in seinem langen Leben hat er auf diese Weise von Frauen geschwärmt. Mehr noch: Er blieb von ihrer gefährlichen Nähe nahezu verschont.

Jean-Pierre erzählt, dass er mit fünfzehn Jahren erstmals Hitler im Radio „brüllen" hörte. Es klang wie eine Drohung, Unheil kündigte sich in dieser Stimme an. Bald sah er deutsche Aufklärungsflugzeuge über dem Kolleg. Im Grenzland mussten alle Dörfer evakuiert werden. Der Lehrer für Chemie und Physik schaffte es, das gesamte Maristenkolleg inklusive Material in ein leer stehendes Schloss bei Paris zu verlegen. Doch bereits 1940 musste die Schule aufgelöst werden.

Jean-Pierre zog zu seinen Eltern, die zwischen Meurthe und Mosel aufs Land geflüchtet waren und dort mit ihren Kindern zu sechst in einem Zimmer wohnten. Mit dem letzten Zug erreichte er, von Stukas – tief fliegenden deutschen Jagdbombern – verfolgt, den

Bahnhof von Châlons-sur-Marne. Es folgte eine Odyssee der Familie mit Planwagen und mit Schubkarre Richtung Süden, dem unbesetzten Frankreich, doch die Deutschen waren schon dort. Auf dem Rückweg erlebten sie Bombardierungen und Straßensperren. „Beim Brotholen lag ich mit dem Gesicht nach unten in einem Weizenfeld", berichtet er, „wir fürchteten alle um unser Leben."

Als die Schumachers von den Schrecken verfolgt wieder in Buding eintrafen, stand ihre Mühle noch, doch war alles geplündert. Sogleich pflanzte die Mutter Lauch und Kürbisse an. Jean-Pierre wollte nicht in deutscher Sprache lernen, sondern dem Vater helfen. Doch folgte bald seine Mobilisierung für den Arbeitsdienst, Jahrgang '42. Schon am Tag nach dem Eintreffen des amtlichen Schreibens musste er in Thionville unterschreiben, dass er kein Jude sei. Als er ablehnte, zwang ihn die Gestapo nach drei Verhören zur Unterschrift. Im Abstand von sieben Jahrzehnten sagt der Mönch, dass all diese Erlebnisse „gut für die Berufung" waren. Es herrschte große Not, jeden Tag musste mit dem Schlimmsten gerechnet werden, zwischen Leben und Tod empfand man eine sonderbare Form von Gottesnähe. Teilhard de Chardin hatte im Ersten Weltkrieg in der gleichen Region ähnliche Erlebnisse gehabt. Tagsüber Bombenhagel in der Hölle von Verdun und nachts, in den Kampfpausen zwischen den Schützengräben, Gnadenstunden.

Zum Arbeitsdienst kam Jean-Pierre in die Lager von Krefeld und Düsseldorf. Die Zwangsverpflichteten lebten in Holzhütten, es bestand keine Fluchtmöglichkeit. Der „Oberfeldmeister", ein besonnener Protestant, nannte ihn Le petit français. Manchmal flogen Steine, oft hörte er Schmährufe auf Christus. Der Lothringer Firmin Creutz wurde sein Freund. 1942 beim Brandbomben-Angriff auf Düsseldorf mussten sie den Vertriebenen zu Hilfe eilen. Es hieß: „Wer in den Häusern etwas klaut, kommt vor das Kriegsgericht." Beim Stiefelputzen, Gräben ausheben und Aufräumen des Schutts herrschte strenge

Ordnung. Es war hart. Dennoch bemühte er sich um seine Stubennachbarn und verzichtete für einen Kameraden auf seinen Heimurlaub. Jean-Pierre hat diese Zeit nicht vergessen und weiß noch heute: „Es hat meine Berufung nicht verdorben. In diesem rauen Klima bin ich treu geblieben."

Nach sechs Monaten Arbeitsdienst kam er zur militärischen Ausbildung nach Kaiserslautern. Eine Ausbildung zum Offiziersanwärter „in der Armee des Feindes" lehnte er ab. In der Groß-Deutschland-Kaserne von Heidelberg sollte er am Maschinengewehr zum Panzergrenadier ausgebildet werden. Bevor es vor dem Aufbruch an die russische Front zu einem Großmanöver an die Maginot-Linie ging, wurde er zu seiner großen Überraschung wegen einer Augenkrankheit vom Oberarzt als „kampfuntauglich" erklärt. Scheinbar mit einer Tuberkulose wurde er im Militärhospital den Studenten als „medizinischer Sonderfall" vorgeführt. Er lächelt heute noch: „In Heidelberg hab ich mein Herz verloren ..." Er hatte etwas geflunkert. Im August 1943 wurde er aus der Wehrmacht entlassen.

Die Kriegserfahrungen in Deutschland hinterließen jedoch bei dem Heimkehrenden seelische Verletzungen. Als er bei seinem Vater, der, weil er für die Versorgung der Bevölkerung unabkömmlich war, ebenfalls keinen Kriegsdienst leisten musste, seine Arbeit wieder aufnahm, hatte er seine Berufung zum religiösen Leben verloren. Er spricht nicht viel darüber. Man hat den Eindruck, er meidet das Thema. Als Grund erwähnt er das harte Los der Zwangssoldaten sowie seine Leidenschaft, das Handwerk des Vaters zu erlernen. Die Deutschen hatten für die Arbeit in der Mühle strenge Bestimmungen erlassen. Jean-Pierre vertiefte sich in die Arbeit und erfand eine noch bessere Methode, Mehl herzustellen.

Doch der Krieg im umstrittenen Grenzland war noch nicht beendet. 1944 sammelten sich die aus der Normandie und dem befreiten Paris vorrückenden US-Streitkräfte im Raum Thionville. Bevor sich die Deutschen auf das rechte Moselufer zurückzogen, legten sie Minen. Die Schumachers nahmen aus dem nicht abreißenden Flüchtlingsstrom die Ärmsten auf. Vater und Sohn konnten nur noch nachts arbeiten. Jean-Pierre schaffte es nicht in der ersten Nachthälfte, ihm fielen die Augen zu. Dann wechselten sie und es klappte hervorragend. „Das hat mich auf die nächtliche Vigil bei den Trappisten vorbereitet", sagt er. Aber die Familie wurde verdächtigt, für die Amerikaner zu arbeiten, während die Amis sie gleichzeitig wie „Krauts" behandelten. Bei Bombardierungen floh die Familie in den Keller. Als im Winter 1944 die Ardennen-Offensive begann, drangen die Deutschen von der Saar erneut nach Luxemburg vor. Jean-Pierre sah damals viele Tote im Wald; einer ist ihm besonders in Erinnerung geblieben. Er sprach dort im Wald das Brevier, die Texte des katholischen Stundengebets, bevor er starb.

Unmittelbar nach Kriegsende kehrte Jean-Pierre „zum Nachdenken" ins Seminar zurück, das sich jetzt in Senlis im Großraum Paris befand. Hier fand in der Stille des Wiederaufbaus eine wichtige Wende statt. Er, der „keine Lust mehr hatte", entschloss sich dennoch zum Weitermachen. Leise sagt er heute: „Maria half", doch mehr möchte er nicht darüber berichten. Es gibt so einige Ereignisse in seinem Leben, die er nur andeutet. Geheime Zwiesprachen, die er ganz für sich behält.

Bei der ersten Abiturprüfung fiel Jean-Pierre durch, im Oktober 1945 gelang der zweite Versuch. Dann ging es ins Maristen-Noviziat in die Berge nahe Lyon. Zehn Novizen lebten „wie im Paradies, weit weg von der Welt". Es herrschte eine intensive Atmosphäre. Seinen Kameraden Joseph Fritsch zog es in die Abtei La Trappe, ein englischer Mitbruder trat in der Grande Chartreuse bei den Kartäusern ein. Auch er selbst verspürte den Wunsch, in einen kontemplativen Orden zu wechseln. Bereits 1948 folgten seine Gelübde und Studien in den Priesterseminaren von Lyon und Ste-Foye-les-Lyon. Sein Spiritual, P. Vivier, wollte, dass er an der Jesuiten-Hochschule Fauvières, an der vom Vatikan beargwöhnte Avantgarde-Theologen wie der spätere Kardinal Henri de Lubac lehrten, ein Philosophie-Studium begann. Doch zog es ihn woanders hin. Wenn die anderen Novizen in den Gemeinden ringsum an Jugendwochenenden teilnahmen, blieb der Bruder aus Lothringen im Seminar, reparierte ihre Fahrräder oder zog sich in die Kapelle zurück.

Anlässlich von Exerzitien betrat er erstmals ein Trappistenkloster. In der Abtei Les Dombes hielt Pater Ignace Vorträge über den brennenden Dornbusch. Das Bild aus dem 2. Buch Mose faszinierte ihn, Gott, der „Ich-bin-da", spricht: „Komm nicht näher heran! Leg deine Schuhe ab; denn der Ort, wo du stehst, ist heiliger Boden." In diesem Moment wurde ihm seine Berufung noch einmal besonders klar. Sie sollte ihn – er ahnte es in diesem Augenblick natürlich nicht – weit weg führen. Die Erfüllung seines Kindheitswunsches rückte näher.

Dann wurde Jean-Pierre zum Priester geweiht. Seine erste Messe las er in einem verlassenen Dorf, die zweite in Gegenwart seiner Eltern in der Kirche von Ars. Der Küster reichte ihm den Kelch und die Gewänder des Heiligen. Nach all den Wegen und Umwegen war es ein bedeutendes Erlebnis. Jean-Pierre sagt von dieser Stunde: „Diesem Tag sind viele Gnadengeschenke gefolgt."

Stundenbuch ~ Notre-Dame de l'Atlas
21. Juli 2011

7:15 Uhr: Godefroid, der größte und jüngste unter den Brüdern, lässt seine Finger über die Saiten der Zither gleiten. Hoher Klang, tiefe Stimme. Er trägt einen blonden Bart, den er hin und her wiegt. Das Instrument passt zu den Psalmen der Frühe: „Wacht auf, Harfe und Saitenspiel! Ich will das Morgenrot wecken."

9:00 Uhr: Diese Nacht sind drei Spanier eingetroffen. Sie wollen in den umliegenden Bergen nach neuen Projekten für Waisenkinder Ausschau halten und dafür zu Hause Geld sammeln. Sie kommen aus Madrid und Pamplona; ein Banker, ein Physiker, ein Mathe-Lehrer. Carlos, Inigo und Juan, alle Mitte dreißig. Wir radebrechen auf Spanisch, Englisch und Französisch. Bald wird klar, mit solchen Typen möchte man Freund sein.

10:30 Uhr: Pause im Tee-Salon. José-Luis wünscht mir viel Glück. Als ich frage, weshalb, sagt er, heute sei belgischer Nationalfeiertag. Ich hatte es vergessen. Unser Ländchen ist weit weg. Das Gerangel im Sprachenstreit wirkt beschämend, wenn man hier vier Trappistenbrüder sieht, die ihr Leben für eine gute christlich-islamische Nachbarschaft einsetzen.

12:30 Uhr: Im Stundengebet der sechsten Stunde, Paulusbrief an die Galater (5,16): „Lasst euch vom Geist leiten, dann werdet ihr das Begehren des Fleisches nicht erfüllen."

14:00 Uhr: Jean-Pierre hat seinen Mitbruder Luc, den „Toubib“ (Arzt), in seiner rauen, burschikosen Art stets geliebt. Er zitierte heute Vormittag aus einem seiner Briefe, den dieser ein Jahr vor seiner Ermordung schrieb: „Weil Tod Begegnung mit Gott ist, kann er keinen Schrecken auslösen. Der Tod, das ist Gott.“

20:45 Uhr: Vor Einbruch der Dunkelheit betet der Prior in der Komplet „für all unsere Freunde, die wir in Tibhirine zurückgelassen haben“.

23:00 Uhr: Der letzte Ruf des Muezzins. Die Hunde fegen um die Klostermauern. Kein Schlaf, südlicher Sternenhimmel. Ernst Jünger, mein nächtlicher Begleiter, schreibt: „Wo möchte man gern hausen [...]? Zunächst in Ländern, in denen man lesen und schreiben darf, was immer behagt. In Städten, deren Läden Tag und Nacht geöffnet sind, wie es den Händlern beliebt, und auf deren Friedhöfen die Ahnen geehrt werden. In Gärten mit alten Bäumen und auf Terrassen, an deren Wänden schläfrig und wachsam der Gecko träumt.“ [1]

Es könnte zu Midelt passen: lesen, schreiben, Gärten mit alten Bäumen, Terrassen ... Wer aber wird der Erste auf dem Friedhof sein?

1 Tagebuchauszug aus: Ernst Jünger. Sämtliche Werke. Band 20. (Zweiter Supplement-Band). Siebzig verweht III. Klett-Cotta, Stuttgart 2000

Kapitel 4

Eine erste Entführung

Die Aufgabe, die der Neupriester Jean-Pierre Schumacher vom Orden der Maristen zugeteilt bekam, erwies sich bald als zwiespältig. Die Oberen schickten ihn in ein Seminar nach Saint-Brieuc, an die Küste der Bretagne. Er wirkte dort als Novizenmeister für die jugendlichen Anwärter, was nicht besonders reizvoll war. Doch sträubte er sich nicht und wollte sich allein von Gott führen lassen: „Er ist es, der meine Zukunftspläne leitet". Man muss sich diese absichtslose Einstellung merken, denn sie wird ihn fortan begleiten. Immer dann, wenn es in seinem Leben schwierig oder gar abenteuerlich wurde, beschränkte er sich auf diese Worte. Meist sind es sehr intime Einschnitte, über die er sich aber am liebsten ausschweigt.

Als sein Vorgesetzter P. Martin ein persönliches Gespräch mit ihm führte, antwortete Jean-Pierre auf die Frage, wie es ihm gehe, lapidar: „Es ist immer noch so wie zuvor, ich fühle mich durch das kontemplative Leben angezogen und warte schon acht Jahre auf eine Antwort."

Der Pater erkannte die Ernsthaftigkeit dieser Berufung und bat ihn, sich noch ein weiteres Jahr zu prüfen. Einige Monate später folgte er während eines Paris-Aufenthaltes der Einladung zu einem abendlichen Dia-Vortrag über Orden und Kongregationen. Auf der Leinwand erschien ein Bild des Klosters Tibhirine im algerischen Atlas-Gebirge. Er war von diesem Bild in ganz besonderer Weise berührt – und noch mehr dadurch, dass sein Oberer in diesem Moment sagte: „Wenn uns jemand verlassen möchte, schlage ich vor, dass er dorthin geht." Jean-Pierre wusste, dass diese Worte für ihn bestimmt waren, und er verstand im gleichen Augenblick, dass es hier um eine grundsätzliche, innere Hingabe an Gott ging. Die schwierige Zeit des Suchens war beendet. „Der Herr wusste, weshalb“, erklärt er lächelnd. Heute betrachtet Jean-Pierre die damals gesehenen Bilder und den Ausspruch von P. Martin als Basis seiner Präsenz in Tibhirine. Es war ein Dia, das vieles vorwegnahm.

Jean-Pierre wusste, dass die Lage rund um Algier angespannt war, wo seit Langem ein Bürgerkrieg zwischen der Unabhängigkeitsbewegung FNL und den Algerienfranzosen tobte. Dieser Kampf der Pied-Noirs, der kurze, schwarze Stiefel tragenden Kolonialisten, gegen die Freischärler um Ben Bella hatte längst Frankreich erreicht, wo es zu schlimmen Terroranschlägen kam. Staatspräsident Charles de Gaulle geriet zwischen die Fronten. Algeriens Kardinal Duval optierte persönlich für die Unabhängigkeit.

In den Osterferien 1957 konnten die Verantwortlichen des Maristen-Ordens das Gespräch mit Jean-Pierre nicht länger aufschieben. Es ging alles erstaunlich schnell; man hatte sich durchgerungen, ihn ziehen zu lassen. Nur stellte sich die Frage, wohin. In die nahen Zisterzienser-Abteien Timadeuc oder Boquen oder gar in das Benediktinerkloster Landévennec oben am Kap der Bretagne? Der Obere zögerte nicht mehr lange, griff zum Telefon, ließ sich mit dem Abt von Timadeuc verbinden und regelte innerhalb weniger Minuten den schwierigen Fall dieser Spätberufung. Ebenso schnell verlief der Abschied aus Saint-Brieuc. Jean-Pierre schwärmt noch heute: „Das war meine Hochzeitsreise.“ Doch er ging nicht im Zorn; das Verhältnis war herzlich, seine ehemaligen Brüder schenkten ihm zum Abschied eine Ausgabe des Neuen Testaments.

Von Beginn an imponierte ihm sein neuer Abt Dom Emmanuel. Der ehemalige Sekretär des Bischofs von Nancy hatte den Krieg in Deutschland erlebt und war zunächst als einfacher Konversbruder in Timadeuc eingetreten. Da Jean-Pierre jedoch schon Priester war und Ordensgelübde abgelegt hatte, war sein Wechsel kirchenrechtlich kompliziert. Schließlich wurde entschieden, dass er vom Status her zwar als Novize galt, jedoch nicht mehr dem Noviziat angehörte und das offene, weiße Habit der Oblaten trug. Mit einfacher Profess wurde er mit dem Posten eines Assistenten des Gastpaters beauftragt.

Als er zum ersten Mal den Schlafsaal mit den nach oben geöffneten Holzzellen betrat, blickte er durch ein kleines Fenster auf sanfte bretonische Wiesen und Felder. Da fuhr es ihm durch den Kopf: „Das ist die Landschaft, die du bis zum Ende deines Lebens sehen wirst." Aber sollte nicht Gott seinen Werdegang bestimmen? Am 20. August 1960 legte Jean-Pierre seine ewigen Gelübde ab, die ihn für immer an die Abtei Timadeuc banden.

In Algerien tobte derweil der Krieg seinem Höhepunkt entgegen. Manchmal dachte Jean-Pierre an den Vortrag in Paris und die bedrängten Brüder in Tibhirine, oben im Bergland, 60 Kilometer von Algier, dem Zentrum der Unruhen, entfernt.

Das Leben in der bretonischen Abtei war hart. Es galten noch die alten Konstitutionen der „Zisterzienser von der strengen Observanz". Auf den Feldern wurden Rüben, Kartoffeln und Weizen geerntet. Bei der Weizenernte mussten die schweren Ballen auf die Wagen gehievt werden. Das alles in der komplizierten Ordenskleidung mit Skapulier und langen Unterhosen. Geduscht wurde nur einmal pro Woche. Donnerstags klagten sich die Mönche im Kapitelsaal oft kleiner Vergehen an und wurden zu öffentlicher Buße verurteilt. Jeden Freitag, dem Sterbetag des Herrn, fand im Anschluss an das Nachtoffizium gegen 4:30 Uhr die „Disziplin" statt. Nach einem Fuß-Signal des Novizenmeisters mussten sich die sechs jungen Brüder mit freiem Oberkörper in ihren Zellen selbst geißeln. Jean-Pierre sagt heute: „Es floss dabei kein Blut." Das Essen war vegetarisch, zweimal pro

Woche gab es Fisch mit Eiern, abends um 18:00 Uhr Äpfel, Brot und ein knapp bemessenes Stück Käse. Die Mahlzeiten erfolgten schweigend während einer Tischlesung. Milch und Butter mussten mittels Zeichensprache erbeten werden. Gegessen wurde in einem großen Rechteck, den Rücken zur Wand, auf Schemeln ohne Rücklehne und mit hochgezogener Kapuze, damit man die Nachbarn nicht sah. Während der 40-tägigen Fastenzeit wurde das Frühstück reduziert. Ohne etwas Nennenswertes im Bauch ging es dann an die Arbeit. Unter der Uhr stand in großen Lettern die Mahnung: „Ultima latet – Die letzte Stunde ist nicht bekannt".

Jean-Pierre empfand diese Form der Observanz als „hart, aber spannend". Die spirituellen Regeln und die Gespräche mit dem Novizenmeister sagten ihm zu. In der Backstube wurde gutes, körniges Brot gebacken; es erinnerte ihn an die heimatliche Mühle. Die Kühe hatten alle einen Namen; die Produkte der Käserei waren begehrt. Das erlaubte Getränk der Region war Cidre, schäumender Apfelwein.

Nicht weniger streng war der Umgangsstil bei ständigem Schweigen. Zwischen den Konversbrüdern, die ein ärmliches braunes Habit und lange Bärte trugen, und den „Chor-Religiosen, den Priesterkandidaten, bestanden große Unterschiede. Die Brüder erledigten die Arbeit und beteten stets das Vaterunser, die Mönche lasen nach dem Nachtoffizium an den Seitenaltären einsame, stille Messen. Doch galten die einfachen Brüder als die heiligeren; in der Abtei waren sie Vorbilder. „Mein bester Freund war ein Bruder", erzählt Jean-Pierre, „wir arbeiteten in der Werkstatt zusammen." Vor allem liebte er jedoch die Lectio divina im Morgengrauen, eine geistliche Lesung im Studiersaal, die sich auf Bibel, Ordens-Spiritualität und Heiligenleben beschränkte. Zu seinen bevorzugten Autoren gehörte damals Bernhard von Clairvaux (1091–1153), bei dem er den Satz entdeckte: „Nichts ist so sicher dem Tod geweiht, dass es Christus nicht durch seine Wunder heilen könnte."

Doch dann begann Jean-Pierre die Bibel jeder anderen Lektüre vorzuziehen. So suchte er Zusammenhänge zwischen dem Alten und dem Neuen Testament, etwa bei Begriffen wie „Jungfräulichkeit“ oder „Feuer“. Dies tat er in drei aufeinanderfolgenden Lesungen, die von Meditationen abgelöst wurden. Er entwickelte diese Methode weiter. Bei seinen Gesprächspartnern im marokkanischen Kloster erzielte sie nachhaltige Wirkung. Heute gilt sein Interesse ganz dem Neuen Testament: „Ich liebe es, diese Texte zu vertiefen“, sagt er, „und zu sehen, wie Jesus gelebt hat. Es ist immer wieder neu.“

Als sich im Zweiten Vatikanischen Konzil die Reformbewegung und damit die Öffnung zur Welt durchsetzten, empfand der damals 36-jährige Trappist dies als Befreiung: „Ich konnte nicht glücklicher sein und spürte die Freude, an etwas ganz Neuem teilzunehmen.“ Man fieberte den Meldungen über Neuerungen entgegen. Mit einer vorsichtigen Verspätung änderte sich auch das Klosterleben. Das Schweigen wurde moderater, die Zeichensprache verschwand, das Bußkapitel wurde gestrichen, anstelle des gemeinsamen Schlafsaals wurden Zellen eingerichtet, der strenge Gehorsam in einen milden Dialog umgewandelt. Im Skriptorium wurde meditiert. Nach der Stille der Nachtvigil fand am frühen Morgen eine von allen Priestermönchen konzelebrierte Messe statt.

Das damals zweijährlich in der Gründungsabtei Cîteaux versammelte Generalkapitel der Trappistenäbte aus aller Welt passte sich ebenfalls dem Kirchenfrühling an, dem jedoch bald schon der sprichwörtliche Winter folgen sollte. Eine erste Austrittswelle signalisierte eine Zeitenwende. Während der Anpassung der Ordensregeln an die Konzilsreformen traten zahlreiche der neunzig Mönche von Timadeuc aus. Das sorgte in der Großabtei nicht nur für eine innere Unruhe, sondern auch für logistische Probleme. Dennoch hielt der Orden stand. Regionalkonferenzen traten zusammen. Beschlüsse wurden vor Ort in den Abteien vorbereitet, der Basis wurden Fragebögen unterbreitet, der Generalabt wandelte sich von einem „General“ zum geistlichen Vater, dessen jährlicher Rundbrief neuen Schwung verbreitete. Während der alle zwei Jahre in den Klöstern stattfindenden Regularvisite wurde jeder angehört, sogar der demütigste Bruder.

Jean-Pierre empfand alle diese inneren Reformen als sehr wohltuend. Dennoch blieben Informationslücken. Im Orden war kaum aufgefallen, dass es bereits fünf Jahre zuvor in Tibhirine zu einer sonderbaren Entführung gekommen war. Nach dem Mord an dem Mufti der heiligen Stadt Medea, die nur acht Kilometer vom Trappistenkloster entfernt liegt, kam es zu Repressalien. Bei Anbruch der Nacht brach ein schwer bewaffnetes Kommando in die Klausur ein. Deren Anführer ließ die Mönche an die Wand stellen. Der betagte, dickköpfige Abt trat vor und sagte: „Mich könnt ihr töten, ich bin alt und habe keine Angst vorm Sterben.“ Doch unter den gefangenen Mönchen befand sich auch Mathieu, der Verbindungen zur FNL unterhielt, und den Eindringlingen „wertvoller“ erschien. Als sie ihn festnahmen, sagte Luc, der Arzt im einfachen Habit eines Laienbruders, zum Erstaunen von Freund und Feind: „Ich gehe mit.“

Es kam zu einer kuriosen Entführung. Am ersten Tag mussten die beiden Mönche in den Weingärten unweit des Klosters unterkriechen. Dann brachte man sie nach Taza, wo sie von den Aufständischen bevorzugt behandelt wurden. Als man sie danach fragte, wonach ihnen gelüste, antworteten sie: „Kirschen.“ Eine groteske Situation – einerseits gefährlich, andererseits irgendwie auch nicht wirklich bedrohlich. Als schließlich Luc, der Starke, der Brummige, nach einigen Tagen in Depressionen verfiel, sagten die Bewacher: „Lasst ihn laufen, es ist der ‚Toubib‘.“ So kamen die beiden davon und erhielten nebenbei einen kleinen Einblick in die FNL-Struktur. Luc wurde in ein Militärhospital nach Algier transportiert und schließlich nach Frankreich gebracht. Die Nachricht verbreitete sich im Rundfunk; auch in Tibhirine hörte man davon.

Stundenbuch ~ Notre-Dame de l'Atlas
22. Juli 2011

7:15 Uhr: Festtag der heiligen Maria Magdalena. Die Gestalt der ehemaligen Sünderin bewegt mich. Ihre Nähe zu Jesus – Salböl mit langem Haar getrocknet, nahezu konspirative Gespräche. Vor allem aber ihr Status: eine Ex-Prostituierte als erste Zeugin der Auferstehung. Was suchte sie so früh am Grab? Ihre Verwechselung des geliebten Freundes mit dem Gärtner. Dann der erschütternde Dialog: „Maria." – „Rabbuni." Schließlich ein abruptes Ende, das alles bedeuten kann: „Halte mich nicht fest."

9:00 Uhr: Arbeitsbeginn. Ich höre Godefroid im Garten hacken. Die Erde schwarzrot wie geronnenes Blut.

10:15 Uhr: Beim Tee erteilt Omar Ratschläge, wie man Staub und Splitter aus den Augen entfernt. Abtupfen mit einem heißen Tuch oder Daumendrücken an der Schläfe. Wir lächeln, doch er pocht darauf, es seien uralte Berberkenntnisse.

Die Augen der Berber sind glühend schwarz. Den Frauen gibt das selbst noch im Alter einen leicht erotischen Zug. Den Männern traut man alles zu.

11:00 Uhr: Jean-Pierre kennt keine Müdigkeit. Wenn er erzählt, sprudelt es nur so aus ihm heraus. Dann folgt ein spitzbübischer Blick, ob ich die Pointe auch verstanden habe.

12:30 Uhr: Die sechste Stunde. Die kleinen Gebetszeiten teilen den langen, heißen Tag in angenehmere Abschnitte. Auch geben sie neue Energie für ein zähes Weitermachen. Zwei Psalmen, ein Bibelzitat: sparsame Rationen, damit der Tag gelingt.

15:30 Uhr: Ende der Siesta, Erwachen in eine unpoetische Wirklichkeit. Die Hitze ist allmächtig.

17:20 Uhr: Jean-Pierre bringt Dokumente über die Chirurgin Elisabeth Lafourcade (1903–1958), die hier oben im Tafilatet-Gebirge die unter armseligen Bedingungen lebenden Halbnomaden kostenlos operiert hat. Sie schrieb in ihr Tagebuch: „Lieben bedeutet, Ihm alles zu geben, was Er von uns erwartet, vielleicht bis zum Martyrium." Im Kontext von Charles de Foucauld und der sieben Enthaupteten von Tibhirine hat das einen appellierenden Klang.

Auf ihrem Foto erkennt man, sie war eine schöne Frau: dunkles, gescheiteltes Haar, ein Berberkopftuch, ernsthafte Augen, harmonische Lippen; auf ihrer Brust ein Kreuz. 1922, anlässlich ihrer endgültigen Weihe in der „Église Jésus-Ouvrier" („Jesus-Arbeiter"), notierte sie: „Unabhängigkeit ist nicht Freiheit."

20:10 Uhr: Das Jesus-Buch von Benedikt XVI. wirkt in dieser Umgebung wie ein Zwischenruf zu den Rufen des Muezzins. Nur leiser, fast etwas schüchtern, doch die großen Fragen im Blick.

21:15 Uhr: Eilende Wolken, der Wind weht wie schwerer Atem hin und her. Nach dem Nachtgebet Wildgänse über dem Kloster.

Kapitel 5

Die Genossenschaft im Garten

Für Jean-Pierre war es ein Schock, wenn Brüder in den Jahren nach dem Konzil aus dem Kloster austraten. Zumal er selbst jahrelang auf den Eintritt gewartet und sich über die Reform der Ordenskonstitutionen so gefreut hatte. Manchmal gingen die Brüder nach schmerzlichem Zögern, manchmal überraschend bei Nacht und Nebel. „Dennoch musste das Leben weitergehen", sagt er, und man spürt etwas von jener Zähigkeit der Trappisten, die auf Emotionen nüchtern reagieren. Er beobachtete diesen Prozess kritischer und aus einer größeren Distanz. Manche dieser Brüder vermissten die liebgewordenen, strengen Gewohnheiten, andere hatten ein mittelalterliches Bild ihres Ordens. Schwierigkeiten bereitete jedoch vor allem die „Öffnung zur Welt", die das Leben in den Zisterzienserabteien aus ihrer tiefen Nische der Selbstversunkenheit hervorholte. Jean-Pierre, der 1964 mitten im Sturm und Drang des Aufbruchs in Timadeuc seine ewigen Gelübde abgelegt hatte, war gegenüber diesen Entwicklungen resistent.

„Der Orden ist zu verbürgerlicht, zu akademisch" – er schließt dabei auch die gegenwärtige Situation mit ein –, „deshalb fehlt es auch an Berufungen. Junge Menschen müssen bei uns die Sehnsucht ihres Herzens finden." Da spricht ein Mönch, dem ein Leben als Intellektueller im wechselnden Wind theologischer Strömungen nie behagt hat. Von Haus aus war er Handwerker; das Abitur schaffte er erst im zweiten Anlauf, beim Studium sollte er auf die neue Philosophie der Jesuiten verzichten. Die strenge Disziplin empfand er als nahezu sportliche Herausforderung, sein bester Freund im Kloster war ein Laienbruder: Jean-Pierre hatte demütigere und „handfestere" Vorstellungen vom Leben als Mönch.

Die Geschichte der „weißen Mönche" in Algerien entsprach diesem Ideal. Nordafrika war das frühchristliche Land von Tertullian, des Märtyrers Cyprian und des Kirchenlehrers Augustinus, bevor es mit dem Römischen Reich unterging. Später waren es die Franziskaner, die sich ins geistig rege Marokko vorwagten, nachdem es im 13. Jahrhundert zwischen Franz von Assisi und dem Sultan zu einer spannenden, doch keineswegs kriegerischen Begegnung gekommen war. Eine neue Ära begann in der zweiten Hälfte des 19. Jahrhunderts mit dem Wüsteneremiten Charles de Foucauld, den Papst Benedikt XVI. im November 2005 in Rom selig gesprochen hat. Seitdem befindet sich im Trappistenkloster Midelt eine ganz im Berberstil errichtete Kapelle, die Charles de Foucauld gewidmet ist. Für Jean-Pierre und seine Brüder ist es ein Ort der Besinnung auf abenteuerliche Ursprünge.

Die Beziehung zu Marokko, die ihn auch in den Raum Midelt geführt hatte, leitete im Leben des bisherigen Lebemannes und gescheiterten Offiziers de Foucauld eine erste Wende ein. 1882 überschritt er die damals verbotene marokkanische Grenze und gelangte über Fès und Meknes in die unsicheren Berbergebiete am Hohen Atlas, wo er mit bescheidenen Hilfsmitteln Karten des Gebirges zeichnete, das bis dahin völlig unbekannt war. Als er nach elf Monaten 1884 nach Paris zurückkehrte, erhielt er für sein Buch „Reconnaissance au Maroc" („Forschungsreise durch Marokko") die Goldmedaille der Französischen Geographischen Gesellschaft. Zwei Jahre später legte er eine Generalbeichte ab und wandte sich wieder der Kirche zu. Sein entscheidender Ausspruch war: „Mein Gott, wenn es dich gibt, dann lass mich dich erkennen." Nach einer Zeit als Trappist im syrischen Kloster Akbes, als Einsiedler im Garten der Klarissen in Nazareth und Jerusalem zog es ihn nach Beni Abbes in die algerische Wüste. Als Freund des Königs der Tuareg lebte er zwei Jahre in der Einsiedelei Assekrem in 2.800 Metern Höhe im Hoggar-Gebirge. Als der Erste Weltkrieg ausbrach, geriet er in Tamanrasset zwischen die Fronten dortiger Stämme und arabischer Söldner, die in französischen Diensten standen, und sollte verschleppt werden. Als in der Ferne Reiter auftauchten, geriet einer seiner Bewacher in Panik und erschoss Charles de Foucauld. Seinen nackten Leichnam verscharrte man neben seiner Hütte. 1929 wurde er in einem für ihn errichteten Grabmal in der Oase El Golead beigesetzt.

Jean-Pierre war von diesem Leben immer fasziniert. Die Worte des Seliggesprochenen schloss er für seine Existenz als christlicher Mönch inmitten des Islam ins Herz: „Es gehört zu deiner Berufung, das Evangelium von den Dächern zu rufen, nicht durch das Wort, sondern durch dein Leben."

Charles de Foucauld hatte als Mönch auch einige Zeit in der algerischen Trappistenabtei Staouëli verbracht, die in den Wirren der moslemisch-französischen Auseinandersetzungen, die 5.500 Menschen das Leben kosteten, als ein Ort der Stabilität betrachtet wurde. Die Härte des Lebens in Staouëli ließ Franzosen und Algerier gleichermaßen aufmerksam werden. Die damaligen französischen Machthaber hatten mit dem Orden ein anspruchsvolles Projekt vereinbart, das nicht nur die Urbarmachung tückischer Sumpfgebiete, sondern auch die Pflanzung tausender Bäume vorsah. Der auf 425 Hektar angepflanzte Wein machte die Mönche landesweit bekannt. Mit ihrer Landwirtschaft leisteten sie auch sonst Beachtliches. In der Hungersnot der Jahre 1847–1867 ernährten sie weite Teile der Bevölkerung. Dennoch fielen den harten Herausforderungen in einem Jahr allein sieben junge Mönche zum Opfer. Die Ruhr grassierte mehrmals in der großen Gemeinschaft. Auch sonst gab es später zahlreiche Probleme. Man hatte erwartet, dass dieses Kloster beispielhaft für ein besonders moralisches Leben stehen würde. Doch es entwickelte sich anders. 1904 musste die Abtei verkauft werden.

Jean-Pierre kennt die historische Entwicklung der klösterlichen Präsenz in Algerien bis ins Detail. Mit Daten jongliert er; nur die

Namen bereiten ihm manchmal Schwierigkeiten, doch dann fallen sie ihm über Nacht wieder ein. Ihm liegt diese Geschichte am Herzen, denn mit dem Mord an seinen Mitbrüdern im Mai 1996 ist sie zu Ende gegangen. Die Versuche, sie neu aufleben zu lassen, sind gescheitert. Er ist der letzte Überlebende von Tibhirine.

Das Kloster lag in 1.100 Metern Höhe in der Nähe von Medea und war von Wäldern und Feldern umgeben. Es sprudelten auch zahlreiche Quellen. „Tibhirine" bedeutet „die Gärten". Eine große Marienstatue – Notre-Dame de l'Atlas, die bereits aus der Ferne zu sehen war – wurde oberhalb der Anlage errichtet. Für Jean-Pierre bedeutete sie stets einen besonderen Schutz. Mehr denn je, als sich in den Neunzigerjahren die Dinge zuspitzten und die Trappisten selbst in das Fadenkreuz der Angreifer gerieten.

Obwohl die Gründung im Jahre 1937 der algerischen Kirche ein neues Image geben sollte, das Kloster vom Zweiten Weltkrieg nahezu verschont blieb und als Krankenstation diente, waren die Erfolge eher bescheiden. Nach einem ersten Aufschwung ging die Zahl der Mönche – anfangs waren es 30 gewesen – stark zurück. Zu Beginn der Sechzigerjahre war das Kloster von den Auswirkungen des neuen sozialistischen Regimes direkt betroffen und musste 150 Hektar Land an die „Volksrepublik" abtreten. Es blieben der Gemeinschaft noch zwölf Hektar, von denen nur fünf nutzbar waren. Der Bauernhof wurde in eine Kolchose umgewandelt. Die neuen Machthaber wollten den Einfluss der Kirche verringern. Kardinal Duval hielt tapfer dagegen und kämpfte für Tibhirine als spirituellen Mittelpunkt des bedrängten Christentums in Algerien.

Auch im Orden selbst war die Zukunft des Atlas-Klosters umstritten. Der Generalobere Gabriel Sortais hielt die Lage für aussichtslos und unterschrieb die Auflösungsurkunde. Ein Dokument, das jedoch sehr schnell wieder verschwand, als Sortais in der Nacht nach der

Unterzeichnung starb. Die Kräfte, die sich im Orden für eine weitere Präsenz auf nordafrikanischem Boden aussprachen, gewannen die Oberhand, und das Generalkapitel rief die Abteien dazu auf, junge Mönche nach Algerien zu entsenden. Einer der vier ersten war Jean-Pierre Schumacher.

Sein Abt in der Bretagne hatte ihn nicht einmal nach seiner Meinung gefragt, sondern sandte ihn zusammen mit neun anderen Mitbrüdern aus Timadeuc, Cîteaux und Aiguebelle 1964 nach Tibhirine. Die Aufgabe war nach seinem Geschmack: Das algerische Kloster solle ausgebaut werden und den Eindruck einer diskreten Kolonie verlieren; rundum war es von islamischen Nachbarn umgeben. Im Gegensatz zu den europäischen Abteien herrschte Armut; man musste mit fünf Hektar Ackerland und Garten auskommen. „Ich war begeistert", erzählt Jean-Pierre.

Der Abschied in Timadeuc war feierlich. Über Aiguebelle ging es nach Marseille, wo sie die auf einer Anhöhe stehende und aufs Meer hinausblickende Statue der Notre Dame de la Garde besuchten. Dann stach das Schiff mit Kurs auf Nordafrika in See. Im Hafen von Algier erwartete sie Pater Etienne mit einer „Ente", einem Lieferwagen von Citroën. Für Jean-Pierre war auf der Fahrt hinauf ins Gebirge alles neu. Es herrschte Ramadan, Menschen im Burnus, die Verkehrszeichen in arabischer Schrift, ein kleiner Junge ritt auf einem Esel, dem er die Fersen gab.

Nach zwei Stunden Fahrt betrat er zum ersten Mal das Kloster in Tibhirine. Einen Ort, der schon so lange sein Ziel gewesen war. Man ernannte ihn nach kurzer Zeit zum Gastpater. Vieles ließ ihn staunen, manches war ihm fremd, doch er liebte die Unbekümmertheit der ihn umringenden algerischen Kinder. Dann eine erste Begegnung mit der in der Umgebung schleichend zunehmenden Gewalt: Zwei Kinder einer Witwe kamen bei einem Anschlag der FNL ums

Leben. Luc, der „Toubib“ (der Arzt der Gemeinschaft), nahm sich der Frau an und stellte sie als Hilfspflegerin in seiner Krankenstation ein. Jean-Pierre hat diesen Vorfall nie vergessen: „Als Luc 1996 mit den sechs anderen Brüdern ermordet wurde, hat es diese Frau fast umgehauen. Anlässlich der Totenmesse in der Kirche Notre-Dame de l'Afrique von Algier stand sie plötzlich vor mir und fiel mir schluchzend in die Arme.“

In der ersten Zeit herrschte in Tibhirine noch das alte Regime weltfremder Observanz. In der Kapelle wurden weiterhin die schweren, ledernen Bücher mit den Kupferverschlüssen für die gregorianischen Gesänge benutzt. Die Feldarbeit erfolgte in Reih und Glied, selbst der Obere packte mit an. Die Beziehungen zur Bevölkerung waren angespannt. Man hatte mitbekommen, dass der Orden ursprünglich das Kloster schließen wollte. Der Propaganda der FNL folgte eine entsprechende antikoloniale Reaktion. Manche hofften auf den Abzug der Mönche, weil man sich dann ihres Grundstückes bemächtigen wollte. Unter den zahlreichen kritischen Stimmen waren auch die der vermeintlichen Freunde.

Dennoch ließen sich die Neuen nicht unterkriegen. Und auch im Umfeld des Klosters begann man umzudenken. Die Ambulanz war für viele eine lebenswichtige Anlaufstation. Der des Arabischen mächtige, in Algerien geborene Amédée wirkte an der Pforte als „Außenminister“. Er kümmerte sich um den Verwaltungskram der Nachbarn und erteilte als ehemaliger Lehrer den Kindern, die im Garten bei der Tomatenernte halfen, Nachhilfeunterricht. Die Ölpresse des Klosters war begehrt, viele ließen dort ihre Oliven mahlen. Die Präsenz der Mönche auf den Feldern bot darüber hinaus den Kuh- und Schafherden der Bauern Schutz.

Schließlich wurde mit fünf Familien eine Genossenschaft gegründet, wobei das Land zwischen den Trappisten und den Familienvätern gerecht aufgeteilt wurde. Jeder erhielt einen Hektar, war sein eigener Herr und konnte frei über Wasser, Traktor, Saat, Pestizide und andere Hilfsmittel verfügen, die das Kloster stellte. Am Ende des Jahres wurde gemeinsam abgerechnet.

Jean-Pierre war für die Buchhaltung verantwortlich, feilschte beim Verkauf auf dem Markt in Médea um die besten Preise und trat notfalls als Vermittler auf. Die Beziehungen zu den Einheimischen konnten unter diesen Umständen besser nicht sein. Sie sollten sich während des Konfliktes für ihn als lebenswichtig erweisen; in anderer Hinsicht waren sie jedoch vielleicht auch lebensgefährlich. Jean-Pierre pflegte die Kontakte zu den Behörden und zu verschiedenen Offizieren der Armee. Nach der Gründung der florierenden Genossenschaft sagte ihm ein Beamter des Ben-Bella-Regimes: „Das ist ja fast kommunistisch."

Es war eine besondere Gemeinschaft, die dort im Schatten des Atlas-Gebirges zusammenkam. Besonders war Jean-Pierre jedoch immer wieder von Luc beeindruckt. Tag und Nacht pflegte dieser in seinem braunen Habit nicht nur die Nachbarn. Der wortkarge und im Umgang mit anderen Menschen etwas ruppige Mann neigte in der Zeit des Umbruchs jedoch zu Depressionen. Nach kanonischem Recht durfte es in den Gemeinschaften keinen Arzt geben, weil es die Einhaltung der Klausur gestört hätte. Einer der Brüder hatte dies einmal bemängelt, nachdem Luc von einem Krankenhausaufenthalt zurückgekehrt war. Und diese Kritik traf ihn damals tief. Doch wurde er gebraucht. Selbst hohe Beamte aus Algier kamen als Patienten ins Bergland. Obendrein verlangte er kein Honorar, war vom medizinischen Fürsorgedienst anerkannt und durfte Medikamente verschreiben. Jean-Pierre mochte den Toubib. Und er wusste als der Verantwortliche für die Kontakte mit der Bevölkerung und den Behörden sehr gut, wie sehr die Moslems in der Nachbarschaft das Raubein mit dem großen Herzen schätzten.

Während meines Aufenthaltes 1981 in Tibhirine sprach ich zwar mit Luc kein Wort, dennoch war er derjenige, der mich damals am meisten beeindruckte. Als Mediziner trug er die braune Kutte eines Brudermönches, obwohl die Trappisten diese eigentlich schon längst ausgemustert hatten. Tagsüber verschwand er mit einem Kittel, der früher einmal weiß gewesen war, in seiner Krankenstation, wo sich schon die Pflegefälle vor der Blechtüre drängten. Nachts half er, wegen seiner Schlaflosigkeit, in der Küche und kochte für uns den Frühstückskaffee. Manchmal hörte man ihn nach Asthmaanfällen schwer atmen. Es war ergreifend, ihn im Halbdunkel der Kapelle vor dem Kreuz beten zu sehen. Buschige Brauen, glühende Augen, die Pranken gefaltet, die Kapuze hochgezogen. Es ist schön, wenn große Männer niederknien.

Stundenbuch ~ Notre-Dame de l'Atlas
23. Juli 2011

6:15 Uhr: In der vergangenen Nacht zwei Passagen gelesen, die auf das Drama von Tibhirine zutreffen. Ernst Jünger: „Angesichts des Todes wird die Souveränität des Einzelnen enorm. Das ist schon ein Vorschuss auf die Transzendenz."

Benedikt XVI.: „Wahrheit und Liebe haben letztlich im Kampf gegen die Lüge und die Gewalt keine andere Waffe als das Zeugnis des Leidens." [2]

10:15 Uhr: Godefroid klärt mich darüber auf, dass die Blumen vor dem Fenster meiner Zelle „Belle de nuit" heißen: Schöne der Nacht oder Wunderblume. Sie sind das keusche Gegenstück zu dem Film „Belle de Jour – Schöne des Tages" von Luis Buñuel.

16:15 Uhr: Tee mit Jean-Pierre und dem Prior. Sein Schwager hat nach vier Krebsoperationen einen Herzinfarkt erlitten. Wir sprechen über Todeserfahrungen und Jenseitserlebnisse. Luc, der Arzt aus Tibhirine, war von diesem Thema offenbar fasziniert und schrieb darüber ein Buch. Das klassische Bild zurückgeholter klinisch Toter: ein Tunnel, Rauschen, das Auftauchen eines Ausgangs, eine Gestalt aus dem Familien- oder Bekanntenkreis, die den Betreffenden willkommen heißt, der „Psychopompos" in der Antike, am Ende wartet Christus, die Lichtgestalt, nur noch Liebe.

In den Schriften von Elisabeth Lafourcade, der Wüstenchirurgin, lese ich: „Die Medizin wird vergehen, aber die Seele ist unsterblich."

17:00 Uhr: Mir scheint, die Rufe der Muezzin dauern am Tag des Freitagsgebets länger. Omar erzählt, dass ihre Gebetszeiten nicht begrenzt sind; es kann bis in die Nacht dauern. Unmittelbar neben dem Teeraum befindet sich ein als Moschee eingerichtetes Zimmer. Auf der geöffneten Tür steht „Mosha Allah – Wie Gott will". Ich muss meine Sandalen ausziehen und darf eintreten. Alles ist klein, ausgelegt mit einem Teppich aus Kakteenfäden. An den Wänden Bilder mit Suren des Korans. Auf einem Hinweisblatt sind die Rechte und Pflichten am nahenden Ramadan durch rote und weiße Verkehrsschilder angezeigt. Niemand kann sagen, er hätte es nicht gewusst.

17:55 Uhr: Vor der Vesper wird es still. Dom Pierre Miquel vergleicht die sieben Hingerichteten von Tibhirine mit den sieben jungen Christen, die 240 n. Chr. nach der Verfolgung durch die kaiserliche Polizei lebendig eingemauert wurden, nachdem sie in eine Höhle bei Ephesus geflüchtet waren. Es heißt, dass sie 200 Jahre später auf wundersame Weise auferweckt wurden und über ihre Verfolgung und die Zeit ihres Wartens auf die Auferstehung berichtet haben. 448 n. Chr. wurden die Körper der sieben jungen Männer in der Höhle des Berges Pion entdeckt, erstaunlicherweise gut erhalten. In der Folge verbreitete Bischof Stephanus die Legende von der dormitio, der Entschlafung, die durch Gregor von Tours auch im Abendland bekannt wurde. Die Geschichte ist zugleich in der christlichen wie in der moslemischen Tradition bekannt. Sure XVIII berichtet unter dem Titel „Die Höhle" darüber.

21:15 Uhr: Tertullian, der erste Theologe Nordafrikas, schreibt: „Das Blut des Martyriums ist der Samen des Christentums." Das gilt noch immer, auch für die Sieben.

22:30 Uhr: Wieder bin ich in Gedanken bei Jean-Pierres Bericht von heute früh. Er lässt mich nicht los. Nachdem um Weihnachten 1993 die Mönche in Tibhirine zum ersten Mal von einem islamistischen Kommando heimgesucht worden waren, notierte Christian, wo er „im Falle eines brutalen Todes" beigesetzt werden wollte: in der Nähe seiner Gehilfen Mohamed und Ali auf dem Vorhof des Klosters.

23:20 Uhr: Jean-Pierre las mir heute aus einem der letzten Briefe von Luc vor, dem Toubib, der Tausenden geholfen hat: „Ich komme mir vor wie ein Schiff, das bald in den Hafen einfahren wird, mit Gewalt oder in Ruhe, das weiß ich nicht. Die Rolle, die ich hier gespielt habe, war sehr unbedeutend, ich war der Letzte der Bettler."

2 Benedikt XVI., Jesus von Nazareth, Zweiter Teil: Vom Einzug in Jerusalem bis zur Auferstehung, S. 65; © Libreria Editrice Vaticana, Città del Vaticano; © Verlag Herder GmbH, Freiburg im Breisgau 2011

Kapitel 6

Spannungen

Manche Vorgänge in der Nachbarschaft beunruhigten Jean-Pierre und seine Brüder schon frühzeitig. Die algerische Regierung hatte ein Programm zum Bau von Moscheen ins Leben gerufen, das nun auch ihren Ort erreichte. Mehr noch – der Platz gegenüber dem Klostereingang war als Standort für die neue Moschee bestimmt. Eine Provokation. Aber das Geld für den Bau reichte nicht. Nachdem man die Fundamente gegossen hatte, kamen die Arbeiten zum Erliegen. Eigentlich hätte man im Kloster darüber erleichtert sein können. Aber Christian schlug seinen Brüdern stattdessen vor, den moslemischen Nachbarn den ungenutzten Empfangsraum der medizinischen Ambulanz des Klosters als Gebetsraum zu überlassen. Dieser war auch von der Straße aus zu erreichen. Und die Einheimischen befestigten die Lautsprecher für die täglich fünfmaligen Gebetsrufe des Muezzins in den Bäumen direkt vor der Klosterpforte. Die Mönche schlossen sich dann bei Sonnenuntergang in der Vesper deren Gebeten an. Man unterstellte ihnen jedoch, dass sie mit ihrer Großzügigkeit etwas bezwecken wollten. Christian ging es aber allein um die Gemeinschaft aller Kinder Gottes; er wollte ein Zeichen der Liebe setzen. Für ihn war klar, dass die Liebe Christi kein Tauschhandel ist, dass sie stattdessen grenzenlos und ohne Bedingungen gilt.

Aber auch wenn sie aufeinander zugingen, so blieb doch ein gewisser Grad an Fremdheit. Zunächst hielten ihre Nachbarn die Klosterglocken für die „Stimme des Teufels“. Auch der Zeitpunkt der christlichen Feiertage sorgte für Missverständnisse. Es blieb ein zerbrechliches Miteinander. Zwar wurde Luc, der in seiner Krankenstation die Sitten und Bräuche seiner moslemischen Nachbarn respektierte, mit dem Ehrentitel *Tschir* bedacht, doch herrschte da und dort auch versteckte Missgunst gegenüber den Fremden, die nur langsam nachließ.

Allmählich aber waren die Mönche in ihrer Güte glaubwürdig. Es bestand für die Bewohner der Siedlung auch kein Zweifel mehr daran, dass sie notfalls Schutz gewähren würden, wenn es zu Übergriffen käme.

Es gab aber nicht nur Spannungen zwischen Außen und Innen. Auch innerhalb der Gemeinschaft von Tibhirine selbst gab es Probleme. In den Berichten über das Martyrium der sieben Brüder werden sie in der Regel aus Pietät kaum erwähnt, doch Jean-Pierre legt Wert darauf, sie zu erläutern. Er selbst hatte auf eine dynamische Erneuerung im Sinne des Konzils gehofft, die von den Ordensoberen kommen sollte. Die meisten Mönche waren in Tibhirine nicht „stabilisiert", das heißt, sie gehörten noch ihrer ursprünglichen Abtei in Frankreich an, waren nach kanonischem Recht sozusagen nur „ausgeliehen". Sie konnten nach Belieben kommen oder in ihre Heimatabtei zurückkehren. Das sorgte für eine gewisse Unsicherheit, zumal jeder mit einer spezifischen Aufgabe im Kloster betraut war, und wenn jemand ging, mussten ständig Wechsel vorgenommen werden. Eine weitere Schwierigkeit bestand darin, dass der Obere nur „ad nutum" ernannt war. Er war nicht von den Mönchen, die ihre ewigen Gelübde abgelegt hatten, gewählt, sondern vom Ordensgeneral im Mutterhaus ausgesucht und benannt worden. Obwohl dieser Zustand kirchenrechtlich nur drei Jahre andauern darf, wartete die Gemeinschaft von Tibhirine bereits seit zwölf Jahren auf die Erlaubnis, ihren Oberen selbst wählen zu dürfen. In dieser Zeit waren reihum derer dreizehn durch die Ordensführung ernannt worden.

Erst mit der Ankunft von Christian de Chergé änderte sich die Lage. Als 1976 die Frage gestellt wurde, welcher der Mönche „stabilisiert" werden wollte, meldeten sich drei, darunter Jean-Pierre. Da bereits drei andere „Stabilisierte“ der Gemeinschaft angehörten, war das erforderliche Minimum von sechs erreicht. Es durfte gewählt werden, die Ungewissheit hatte ein Ende. Als es jedoch 1984 zur Wahl eines Abtes kommen sollte, gab es erneut Missverständnisse, weil die Gemeinschaft keinen Abt, sondern lieber einen Prior wollte. Das war der Einfachheit und Diskretion geschuldet, die man auf diesem besonderen Außenposten für erforderlich hielt. Die Entscheidung wurde nicht nur aus Rücksicht auf das politische Umfeld gefällt, sondern ging vor allem auf die Einstellung der Mönche zurück, die nichts anderes sein wollten als „Beter unter Betern“. „Jahrelang hatten wir in einem verwirrenden Durcheinander gelebt“, erzählt Jean-Pierre, „doch bin ich geblieben, weil ich die Gewissheit hatte, dass der Herr mich in dieser christlich-islamischen Nachbarschaft haben wollte.“ Ein befreundeter Priester aus Blida sagte zu ihm: „Es ist ein Wunder, dass so etwas hält.“

Im Februar 1984 wurde im nunmehr autonomen Kloster von Tibhirine ein neuer Prior gewählt. Doch erst im dritten Wahlgang kam es zu einer Entscheidung: Christian de Chergé, der 1969 vor seinem Eintritt in die Trappistenabtei Aiguebelle als junger Kaplan in der Pariser Basilika Sacré-Coeur tätig gewesen war, wurde Oberer der Gemeinschaft. Der Sohn eines in Algerien stationierten Generals hatte als Kind mit eigenen Augen gesehen, dass ein Moslem für ihn sein Leben gab. Und seine Mutter hatte den Fünfjährigen gelehrt: „Es gibt nur einen Gott.“ Die Spiritualität dieses Volkes hatte ihn seitdem tief beeindruckt. 1971 wechselte er von Aiguebelle nach Tibhirine. Er wollte wissen, was in einer moslemischen Seele vorging. Seine Vorgesetzten schickten ihn nach Rom an das von den Weißen Vätern geführte „Päpstliche Institut für Arabische und Islamische Studien“, wo er zwei Jahre lang die arabische Sprache und den Islam studierte. Als er 1974 nach Algerien zurückkehrte, schien er wie prädestiniert für die neuen Aufgaben.

Der ehrgeizige Intellektuelle hielt Vorträge und Predigten, die akademischen Vorlesungen glichen. Dabei war Tibhirine ein einfaches Kloster mit einer eher bescheidenen Bibliothek; Feld- und Gartenarbeit hatten Vorrang. Jean-Pierre, der für die Gemeinschaft eher die bodenständigen Aufgaben erfüllte – zum Beispiel regelmäßig auf dem Markt in Medea Brot und Lebensmittel einkaufte –, erinnert sich: „Er wusste sehr viel und vermittelte den Eindruck, als wüssten wir nichts." Die Mitbrüder fragten sich: „Weshalb lernt er Arabisch, wo wir doch ein Schweigekloster sind? Hat er eigentlich eine monastische Berufung oder wäre er nicht besser Diözesanpriester in Oran?"

Vor dem Betreten der Kapelle zog Christian stets seine Sandalen aus. Im Ramadan fastete er gemeinsam mit den Moslems. Christian spürte den Widerstand aus den eigenen Reihen; manche seiner Brüder hielt er für reaktionär. Er geriet in eine Krise und wollte zurück nach Frankreich. Dann entschloss er sich jedoch zu einer zweimonatigen Sabbatzeit in der Einsiedelei von Charles de Foucauld in Assekrem, die in 2.100 Metern im algerischen Hoggar-Gebirge liegt. Die dort entstandenen „Aufzeichnungen über die Hoffnung" lesen sich wie eine Spiegelschrift seiner Krise, sind aber zugleich eine klare Zeitansage, ein Manifest seiner Pläne. Sie haben jedoch eine andere Sensibilität, sprechen eine Sprache, die seine Brüder nicht mehr schockierte. Es wurde deutlich: Seine Nähe zum Islam war kein privater Ehrgeiz, keine theologische Übung, sondern spirituelle Freundschaft. Gemeinsames Gebet, absichtslose Hilfe, schlichte Liebe. Jeder der Brüder war eingeladen, sich diesem Geist zu öffnen.

Als er nach Tibhirine zurückkehrte, hatte im Leben von Christian ein Wandel stattgefunden. Er bat um die Zulassung zur Ewigen Profess. Er legte den Brüdern dar, wie er seine Berufung verstand, und bat um Vergebung, wo sein eigenes Verhalten die Gemeinschaft verletzt hatte. Jean-Pierre fiel auf, dass Christian diskrete Kontakte zu Sufis – islamischen Weisen – aufgenommen hatte. Eigentlich war Jean-Pierre als Gastpater für den Empfang der Gäste zuständig. Aber Christian übernahm es, diese ab sofort in ganz anderer Form willkommen zu heißen. Jean-Pierre bezeichnet dies als den „spirituellen Empfang".

Auch sonst änderten sich einige Gewohnheiten: Ab jetzt aß man schweigend, und für den Gästeflügel wurden neue Vorschriften erlassen, die ganz durchdrungen waren von den Beziehungen zum Islam. Es kamen viele neue Gäste, vor allem Priester und Mönche. Einkehrtage für durchreisende Touristen gab es nicht mehr.

Das Kloster entwickelte sich unter seiner Führung immer mehr zu einem Ort der Begegnung und – soweit man das in einem Trappistenkloster realisieren konnte – damit auch zu einem Ort der offenen Tür. Luc versorgte in seiner Ambulanz die Menschen aus der gesamten Umgebung, Paul lieh Nachbarn Werkzeuge und half mit seinem Rat, wo er konnte. Und Christian träumte von einer Gemeinschaft der Kinder Gottes, die sich jenseits aller Glaubensdogmatik entwickeln sollte. Er stand, wie es der Abt von Aiguebelle einmal formulierte, „für ein wahrhaft universelles Christentum des Herzens, das niemanden ausschloss ... Sein Ziel war ein Christentum der Freundschaft, des Vertrauens und der guten Werke". Die Versöhnung der Menschen in Gott war für ihn ein dringliches Anliegen. Ein Anliegen, das keinen Aufschub duldete, etwas, das hier und jetzt beginnen musste.

Jean-Pierre empfand all diese Entwicklungen als massiven Umbruch. Und er gesteht, dass die Meinungsverschiedenheiten mit Christian bis zum Ende, bis zur Entführung im März 1996, andauerten. Wohl auch deshalb hatte man den jüngeren Mitbruder damals erst im dritten Wahlgang zum Prior gewählt; es sollte eine Mahnung sein. „Es gab an sich keine richtigen, großen Konflikte", sagt Jean-Pierre, „sondern lediglich Spannungen." Er sieht es so, dass alle lernen mussten, sich „als verschieden anzunehmen", so wie es auch die neuen Ordenskonstitutionen 1977 unter dem Titel „Einheit und Pluralismus" vorgegeben hatten. „Das Konzil verkündete eine neue Konzeption des Gehorsams. Die Person und Rolle jedes Einzelnen sollte respektiert werden." Das Generalkapitel der Äbte nannte das „eine Schule der Nächstenliebe". Jean-Pierre fühlte sich darin gut aufgehoben. So ist sein Charakter: gütig und viel Ruhe ausstrahlend. Er ist jemand, der kein Gelehrter ist, sondern den Kontakt mit dem Volk sucht.

Diese Haltung teilte Jean-Pierre mit der älteren Generation in Tibhirine, wohlwissend, wie fordernd dies war. Statt der Schriftlesung hatte Christian begonnen, auch während dem Stundengebet der Terz Minikurse über die Konstitutionen zu halten. Seine Lectio der Heiligen Schrift erfolgte in Arabisch, er meditierte den Koran. „Es entstand eine Distanz zu uns." Nachdem Jean-Pierre zusätzlich mit der Gestaltung der neuen Liturgie beauftragt worden war, blieb ihm ohnehin keine Zeit für anspruchsvolle Studien. In kurzer Zeit musste er die Texte der Psalmen und Stundengebete dreimal umschreiben. „Nie mehr wieder würde ich das machen", erklärt er heute lachend. „Französisch und Arabisch wurden Kirchensprache, dabei hatte ich eine kleine Schwäche für den gregorianischen Choral." Aus den europäischen Klöstern gab es in dieser Hinsicht zunächst keine Unterstützung. Diese wussten selbst nicht genau, wo es langging. Die Reform, die zuletzt übernommen wurde, stammte aus der luxemburgischen Benediktinerabtei Clervaux. Ein Mitbruder aus der Abtei Tamié half ihm drei Jahre lang bei den Formulierungen. Seine Aufgabenbereiche erstreckten sich inzwischen auf die Markteinkäufe, die Liturgiereformen, den Weinkeller sowie die Reparaturwerkstatt, in der er sich mit dem Motorraum eines Renault R4 beschäftigte.

Seit der Rückkehr von Christian aus Assekrem hatte sich in der Gemeinschaft der Kontakt mit moslemischen Nachbarn und Bekannten aus Medea verstärkt. Zu Weihnachten erschienen Jungen und Mädchen aus Madagaskar und sangen mehrstimmig die Mitternachtsmesse. Es rührte alle. Kurze Zeit später begegnete Jean-Pierre dem moslemischen Generalsekretär der Verwaltung von Medea, der mit ihm ein Gespräch über mönchisches Leben begann. Etwa über die Rolle des Leidens „als Erlebnis der Reinigung des Herzens", der Armut als „spirituellen Wert" oder das Pressen der Oliven als Vorgang, der dem Öl etwas Heiliges verleiht. Er war der Leiter einer Bruderschaft von Sufis und bat darum, das Kloster besuchen zu dürfen. Jean-Pierre erfuhr, dass die Moslems die Sufis nicht als echte „Muselmanen" betrachten, „weil sie zu viel beten". Auch waren sie beim Staat nicht gut angesehen; man warf ihnen vor, im Laufe der Geschichte wiederholt Revolutionen angezettelt zu haben. Als religiöse Gruppe wussten sie jedoch das Volk auf ihrer Seite. Und das mögen Machthaber nicht.

Dennoch kamen Sufis zu Besuch. Sie erschienen ohne Frauen im Kloster und wollten die Gemeinschaft sehen. Christian hatte die Kapelle so ausgestattet, dass sie einer Moschee ähnelte. In zwei Reihen saß man sich gegenüber, jeder in seinem Habit. Die Gäste sprachen ihre Gebete und schaukelten am Ende mit dem Körper hin und her. Dann baten sie die Mönche zu beten. Jean-Pierre war erstaunt, denn an sich hat das christliche Gebet im Islam keinen Wert. Zum Abschied gab ihr Lehrer ihnen ein *Dhikr*, einen Begriff, über den weiter nachgedacht und meditiert werden sollte. Ähnlich den „Apophthegmata", wie sie von den Vätern in der ägyptischen Wüste und auf dem Berg Athos seit Jahrhunderten praktiziert werden. Jean-Pierre nennt dies „sich dem Einfluss des Heiligen Geistes öffnen".

Prior Christian wollte es nicht bei gelegentlichen und eher zufälligen Treffen belassen. Bereits während seines Studiums in Rom hatte er mit moslemischen Freunden Ribât-Gespräche geführt. Ribât es-salâm steht im Arabischen für „Band des Friedens". So lud Christian die Sufis ab 1979 zweimal jährlich zu einer Begegnung im Kloster ein. Man entschied, dass man jeweils an einem Freitag, dem islamischen Gebetstag, zusammenkommen wollte. Manche Gäste kamen sogar aus Algier. Die Freitagsmesse wurde auf Donnerstag verlegt. Für mehrere Stunden versammelte man sich im Empfangszimmer des Gästehauses, rundum Bänke, in der Mitte ein Tisch. Bald stand fest: keine Gespräche über Theologie, das trennt uns, wohl aber über all die Wege, die uns zu Gott führen. Später fand man eine viel schönere Formel, die Jean-Pierre als besonders mönchisch empfand: „Zusammen beten, aber in Stille." Zu Beginn zündete Christian als Zeichen der Anwesenheit Gottes eine Kerze an. Das gemeinsame Schweigen dauerte eine halbe Stunde. Jean-Pierre erinnert sich an diese ergreifende Erfahrung: „Das war sehr stark. Wir waren weit entfernt vom offiziellen Islam."

Die Teilnehmer der ursprünglichen Ribât-Gespräche, die diesen Treffen vor Jahren vorausgegangen waren, erschienen ebenfalls bei den neuen Begegnungen im Kloster. Ihr Sprecher feuerte das Gebet noch einmal an: „Allahu akbar – Gott ist der Größte. Allah ennour – Gott ist Licht." Dies sind zwei der 99 Namen Gottes im Islam, der hundertste ist unbekannt. Alles endete mit einem *Dhikr*, einem Wort, das die Teilnehmer ein halbes Jahr begleiten sollte und das gemeinsam ausgesucht wurde. Mohamed, der Leiter der Gäste, sagte: „Wenn wir so weitermachen, wer weiß, wohin das führt." Jean-Pierre betrachtete diese Begegnungen als sehr hilfreich: „Wir stellten uns unter die Leitung des Heiligen Geistes, er macht uns in unseren Herzen zu Kindern Gottes, er gleicht selbst die Christus an, die keine Christen sind. Manchen Moslems waren wir näher als einigen Christen. Wir wurden Brüder."

Er liebt symbolische Bilder. Etwa jenes der doppelten Leiter, die im Himmel endet: „Steigt man von beiden Seiten hinauf, nähert man sich einander an und trifft sich in der Höhe. Das ist unsere

Daseinsberechtigung in Midelt. Die Begegnung auf der Leiter ist noch nicht vollzogen, doch wir wünschen sie uns.“ In Tibhirine hatte man sich mit den Imamen gegenseitig zum Essen eingeladen. Auch bei der *Sadaka*, der Mahlzeit nach einer Beerdigung, saß man zusammen. Frauen umarmten die Gäste aus dem Kloster, Männer schlossen mit ihnen Freundschaft. Ein Imam unterbrach seine Ansprache und las zu Ehren der christlichen Gäste eine Sure aus dem Koran über Maria vor.

Stundenbuch ~ Notre-Dame de l'Atlas
24. Juli 2011

7:15 Uhr: *Manchmal weiß man schon in der Frühe, dass ein Tag gelingen wird.* Während der Messe ein Gefühl der Ermutigung bei dem Gedanken, dass zur gleichen Zeit weltweit dieselbe Eucharistie stattfindet.

Vor dem Frühstück bringt mir Jean-Pierre ein Buch über Albert Peyriguère, den Nachfolger von Charles de Foucauld. Er wird von den Einheimischen als Marabout (Heiliger) verehrt. Sein Sarg steht drüben in einer Nische der Kapelle. Als man ihn zur Verehrung umbettete, war der Leichnam unversehrt und glich von seinem Aussehen dem eines Berbers.

8:30 Uhr: Jean-Pierre liest aus den Aufzeichnungen Christians vom 30. Januar 1990: „... ich habe nur diesen kleinen Tag, um dem zu geben, der mich für jeden Tag ruft; doch wie soll ich ihm für immer Ja sagen, wenn ich ihm nicht diesen heutigen Tage gebe ... Gott hat tausend Jahre, um einen Tag zu machen; ich habe nur einen Tag, um die Ewigkeit zu schaffen, und der ist heute."

10:15 Uhr: Teepause, Zufriedenheit der Mönche zwischen ihren moslemischen Brüdern. Ganz unter sich, Arbeitende unter Arbeitern.

10:40 Uhr: Jean-Pierre sitzt unter blauem Himmel und rauschenden Kiefern: „Ist das nicht herrlich?" Die zwischen den Ästen umherfliegenden Tauben erinnern ihn an das Hohelied des Alten Testaments. Er lacht. „Schön bist du, meine Freundin, ja, du bist schön. Hinter deinem Schleier deine Augen wie Tauben."

12:30 Uhr: Gebratene Auberginen und Fritten. Wir essen in einem anderen Raum als die Mönche, doch die gleichen Speisen. Alles fleischlos, dazu kaltes Wasser. In der Hitze hat der Hunger seine Grenzen. Beim Tischgebet wechseln wir uns ab. Ich spreche es heute auf Deutsch, wie zu Hause. Niemand ist irritiert, dann folgt die Übersetzung.

13:15 Uhr: Ich liebe es, mich in meiner Zelle tagsüber aufs Bett fallen zu lassen und die Härte der Matratze zu spüren, das Kopfkissen im Nacken, den Blick hinaus auf die Blumen und den blauen Himmel gerichtet. Ich bin ganz allein und habe alle Zeit der Welt. Keine abschweifenden Gedanken an mich heranlassen. Nichts anderes als das Glück, hier zu sein.

17:00 Uhr: In einem Brief an die kleine Gemeinschaft von Midelt hat der französische Staatspräsident Sarkozy vor einiger Zeit geschrieben: „Durch das Mittelmeer werden sich Europa und Afrika eine gemeinsame Bestimmung bauen und gemeinsam am Schicksal der Welt und am Lauf der Globalisierung mitwirken.“ Das ist die hochtrabende, unverbindliche Sprache der Politiker.

Der Prior hat konkreter geantwortet: „Gewiss ist es unsere Rolle, der ganzen Welt zu zeigen, dass wir zusammenleben können, ganz gleich, welcher Kultur oder Religion wir angehören ... Jenseits unseres religiösen Glaubens gibt es einen einzigen Gott, der uns zu sich zieht und der uns einlädt, ohne Unterlass zusammen mit ihm eine Welt zu errichten, in der ‚der Mensch nicht mehr des Menschen Wolf ist‘, sondern im Gegenteil, wir uns als Brüder erkennen, als Kinder des einen Vaters.“

17:40 Uhr: Jean-Pierre liebt es, von seinem Freund Luc zu erzählen. Der Arzt trank dann und wann ein Gläschen und nannte es

„Desinfektionsmittel". Für seine Todesstunde wünschte er sich eine Flasche Champagner.

19:00 Uhr: Unter den Bäumen weiß ich nicht mehr genau, welche Psalmen wir eben in der Vesper gesungen haben. Doch war es, als säße ich an einem frischen Bach. Auf dem Sandboden zwischen den Ameisen liegt eine weiße Taubenfeder. Ich werde sie mit nach Hause nehmen.

21:15 Uhr: Nach dem Nachtgebet beginne ich zu begreifen, was Jean-Pierre mit dem „Geist von Midelt" meint: Es ist der Geist von Charles de Foucauld, der seines Nachfolgers Albert Peyriguère, der von Elisabeth Lafourcade, der Chirurgin der Armen, und auch der Geist der sieben „Schlafenden" von Tibhirine. Dieselbe Richtung, dasselbe Charisma: Im Dienst an den Brüdern und Schwestern des Islam ganz der Verschwiegenheit Gottes ausgeliefert. Es ist auch der Geist von Christian. Ich bewahre noch immer seinen Brief vom September 1982 auf. In seiner feinen Schrift erklärt er darin, dass eine Berufung ins Atlas-Kloster mehr erfordert als der Eintritt in eine europäische Abtei: mehr Einsamkeit, mehr Armut und vor allem die selbstlose Liebe zum islamischen Algerien.

Ähnlich schrieb Christophe in sein Tagebuch: „Wir sind uns einer mütterlichen Verantwortung gegenüber denen bewusst, die wir lieben."

22:30 Uhr: Nordafrikanische Nacht. Die beste Stunde. In der Ferne Festmusik, Hochzeitstänze, Jubelschreie.

Kapitel 7

„Monsieur Christian“

Der tägliche Gruß der Moslems – „Bismillah – im Namen Gottes“ – erhielt 1988 in Algerien eine zwiespältige Bedeutung. Nach schweren sozialen Unruhen schossen die Sicherheitskräfte auf die demonstrierende Menge. Auch Medea stand in Flammen. Das Rathaus und mehrere Banken wurden geplündert; vor allem Studenten und Jugendliche waren daran beteiligt. Als die Regierung ein Jahr später einer demokratischen Verfassung zustimmte, errangen die radikalen Islamisten der „Islamischen Heilspartei“ (FIS) 1991 bei den ersten freien Wahlen 188 von 430 Sitzen. Daraufhin übernahm der Verteidigungsminister die Macht, annullierte den zweiten Wahlgang, löste das Parlament auf, rief den Notstand aus und verbot die FIS. Die FIS ging in den Untergrund und begann einen Bürgerkrieg gegen die Machthaber. Es war ein tiefer Einschnitt, dessen Wunden noch immer nicht verheilt sind. Jean-Pierre und seine Brüder in Tibhirine machten sich keine Illusionen: „Es wurde sehr gefährlich. Wir hatten Angst. Jeder schoss auf jeden. Überall konnten sie zuschlagen.“ Das Tal von Tamesguida und das umliegende Gebirge waren Rückzugsgebiete der Aufständischen, die von den Mönchen als „Brüder aus den Bergen“ bezeichnet wurden. Das Militär nannten sie „Brüder aus der Ebene“. Selbst inmitten kriegerischer Auseinandersetzungen bewahrte das Trappistenkloster unterhalb der großen Marienstatue eine Sprache der Versöhnung. Kein Blut, keine Waffen, keine Parteinahme.

Unterdessen kam es im islamischen Lager zu mehreren Spaltungen, deren radikalster Flügel GIA (Groupe Islamique Armé – Bewaffnete Islamische Gruppe) die Verantwortung für die blutigsten

Terroranschläge übernahm. Das Rücktrittsultimatum, das sie der Staatsführung gestellt hatte, lief am 30. November 1993 unbeantwortet aus. Die Regierung rief daraufhin alle Ausländer auf, das Land zu verlassen; man könne nicht länger für ihre Sicherheit garantieren.

In Tamesguida, etwa drei oder vier Kilometer vom Kloster entfernt, waren kroatische Straßenarbeiter beschäftigt, die im Kloster gern die Mitternachtsmesse besuchten. Es war immer ein besonders ergreifendes Ritual. Zunächst wurde die Vigil gesungen und das Jesuskind in der dunklen Kapelle zur Krippe getragen. Dann zündete der Prior eine Kerze an. Die Figur des Kindes war von der Gründerin der Kleinen Schwestern von Charles de Foucauld, Mutter Madeleine, aus gebranntem Ton geformt worden und bedeutete der Gemeinschaft viel. Im Anschluss an die Messe wurden den Gästen Tee, heißer Kakao und Süßigkeiten angeboten. Jeder sang in seiner Muttersprache Weihnachtslieder. Die Kroaten hatten Heimweh und erzählten von zu Hause.

Doch 1993 geschah dann etwas ganz anderes, etwas Grausames: In der Nacht zum 12. Dezember wurden den Kroaten bei einem Anschlag von einem 50-köpfigen GIA-Kommando die Kehlen durchgeschnitten. Einer überlebte, weil man in letzter Sekunde erkannte, dass er Moslem war; ein anderer konnte mit schweren Verletzungen am Rande des Wadi gerettet werden. Die Erschütterung saß tief, Angst breitete sich aus. Jeder fragte: „Werden wir die nächsten Opfer sein?" Umso mehr bewunderte man den Mut des Pfarrers von Medea, Gilles Nicolas, der in seiner Predigt während der Totenmesse für die Kroaten sagte: „Der Gedenktag der Unschuldigen Kinder findet in diesem Jahr nicht nach, sondern vor Weihnachten statt. Wenn wir schweigen, werden die Steine schreien."

Dann kam der Heilige Abend. Jean-Pierre bereitete in der Sakristei die liturgischen Gerätschaften und Gewänder für die

Mitternachtsmesse vor. Der Prior befand sich währenddessen in seinem Büro; Michel war in der Küche mit dem Kakao beschäftigt; Célestin sortierte die Zettel mit den Gesängen; Paul befand sich mit Nicolas und zwei Studenten aus Madagaskar, die noch vor den Sperrstunden das Kloster erreicht hatten, im Gästehaus. Plötzlich hört Jean-Pierre ein seltsames Geflüster. Er vermutete, es handle sich bei dem Sprecher um Célestin, dessen Gesundheit nach einer Bypass-Operation sehr angeschlagen war. Dann sah er jedoch, dass dieser von einem jungen Mann in militärischer Kleidung, der mit einer Kalaschnikow bewaffnet am Boden hockte, bedroht wurde. Christophe und Philippe flüchteten in den Keller. Der Bewaffnete hatte den Auftrag, die Brüder im Gästehaus zusammenzutreiben. Luc, der Mediziner, hatte ausnahmsweise einen guten Schlaf und bekam von all dem nichts mit. Als Jean-Pierre sah, wie der besonders sensible Michel abgeführt wurde, kamen ihm die Bibelworte in den Sinn: „Wie ein Schaf habt ihr mich zur Schlachtbank geführt."

Im Garten vor dem Gästehaus stand, bis an die Zähne bewaffnet, Sayad-Attia, der gefürchtete Anführer der Bande. Jean-Pierre hörte, wie ein Mitglied des Überfallkommandos auf Arabisch zum Pfarrer und den beiden Studenten sagte: „Wir tun euch nichts. Wir kämpfen gegen die Regierung." Doch Sayad forderte mit schneidender Stimme: „Ich will den Papst dieses Winkels sehen." Paul eilte, um Christian in seiner Zelle zu rufen, doch dieser antwortete mit unglaublicher Ruhe: „Ich bin nicht in Eile." Als er die Treppe hinabstieg, sagte er für alle vernehmbar: „Man betritt diesen Ort nicht mit Waffen. Wenn sie diskutieren wollen, dann müssen die Waffen raus. Hier ist ein Haus des Friedens oder wir diskutieren draußen vor der Türe." An sich waren diese Worte unverfroren, doch Sayad folgte ihm an eine Stelle jenseits der Kapelle und teilte ihm dort seine Forderungen mit.

Zunächst verlangte er, Luc solle sie in die Berge begleiten und einen Verwundeten versorgen. Der Prior lehnte ab, weil dies als

Parteinahme für die GIA ausgelegt werden würde. Dann verlangte der Terroristenführer Medikamente, doch Christian verwies darauf, dass Luc an Asthma leide und die Krankenstation nicht verlassen könne. Jeder, der ihn dort aufsuche, werde aber behandelt. Die Medikamente reichten nur für die Bevölkerung des Ortes. Schließlich verlangte Sayad Geld. Christian betonte, das Kloster sei nicht reich, man lebe von der Hände Arbeit. „Ich weiß aber, dass ihr reich seid", unterbrach ihn Sayad und erhielt zur Antwort: „Wir leben von dem, was wir haben, und geben noch den Armen."

Dann wagte der Prior es, eine Gegenfrage zu stellen, die ihn den Kopf hätte kosten können: „Wisst ihr eigentlich, an welch einem Tag ihr hier auftaucht? Wir bereiten uns auf die Nacht vor, in der wir die Ankunft des Friedensfürsten feiern, Sidna-Aissa."

„Das wussten wir nicht", antwortete Sayad, „aber wir kommen wieder." Das war ein Ultimatum. Er reichte dem Prior die Hand. Dieser zögerte, weil daran das Blut der Kroaten klebte. Dann aber erwiderte er Sayads Geste, und sie vereinbarten sogar ein Codewort für den Fall, dass sich bei ihrer Rückkehr noch andere Personen im Kloster aufhalten sollten. Das Geheimwort zwischen dem Terroristen und dem Mönch lautete: „Monsieur Christian".

Daraufhin zog sich der Prior mit dem Pfarrer des Dorfes in sein Zimmer zurück.

Die Lage war vorerst gerettet.

Jean-Pierre steht noch heute deutlich unter dem Eindruck des damaligen Geschehens: „Wir wussten: Wenn sie bei ihren Forderungen blieben, mussten wir mit dem Schlimmsten rechnen. Ihre Komplizen wollten wir unter keinen Umständen werden. Keine Frage, wir waren Mönche. An solchen Kämpfen beteiligen wir uns nicht."

Ab sofort schwebte jede Nacht über Tibhirine die Gefahr. Und die Mönche waren sich einig: Sollte Sayad weiter Geld verlangen, würden sie ihm etwas geben und dann aufbrechen und das Kloster verlassen.

Jean-Pierre war von der Courage seines Priors, in einer solch brenzligen Situation mit einem Terroristen zu diskutieren, tief beeindruckt. Christian hatte Sayad mit einem zugleich entschlossenen und dennoch zärtlichen Blick in die Augen gesehen. Er glaubte an die Kraft, die solch ein Gegenüber auf Augenhöhe auslösen kann. „INS AUGE FASSEN“, so beschrieb er es in seinem Testament, das er bald darauf verfasste. Und diese Worte waren keine bloße Theorie. Christian verkörperte Kraft und Demut. Die anderen Brüder waren mit ihm solidarisch und mussten lachen, als Amédée erzählte, er habe Luc, den Toubib, geweckt und darüber aufgeklärt, dass die GIA aufgetaucht sei. Dieser habe jedoch nur mit den Schultern gezuckt.

Christian suchte nach Lösungen für den Konflikt und schrieb kurz nach dem ersten Überfall einen Brief an Sayad. Darin versuchte er ihm Sinn und Zweck der Präsenz der Mönche im Land des Islam zu erläutern. Es war die Reaktion des Intellektuellen, der an die Überzeugungskraft des geschriebenen Wortes glaubte. Er hoffte darauf, dass die GIA nach seiner logischen Argumentation einlenken würde, die darin gipfelte, dass die Mönche jede Art von Kampf ablehnten. Sein letzter Satz lautete: „Wir hoffen, nicht durch eure Hand zu sterben.“ Diesen Brief hat er jedoch niemals abgeschickt.

Jean-Pierre bezeichnet den Inhalt als wegweisend: „Jeder von uns hat sich frei dafür entschieden, hier zu leben. Wir sind unserer Berufung bis zum Tode verpflichtet. Ich glaube nicht, dass es der Wille Gottes ist, dass dieser Tod durch eure Hand kommt ... Falls die Moslems eines Tages zu der Überzeugung gelangen sollten, dass wir ihnen eine Last sind, werden wir, wenn auch mit großer Traurigkeit, ihren Wunsch respektieren und das Land verlassen. Ich weiß, dass wir sie und somit auch euch selbst dann noch lieben werden."

Sayad wurde kurze Zeit später bei einem Kampf zwischen zwei verfeindeten Gruppen schwer verletzt. Neun Tage rang er in der Nähe des Klosters mit dem Tod und starb schließlich. Zur Abschreckung vor weiteren Übergriffen wurde seine Leiche an einem Auto festgebunden und durch Medea geschleift. Jean-Pierre und die Brüder waren schockiert. Christian sagte über seinen Widersacher: „Sie haben ihn zweimal getötet." Szenen in dem Film „Von Menschen und Göttern", die eine Identifizierung Sayads und ein Kreuzzeichen durch den Prior zeigen, sind dramaturgische Zugaben; sie haben in Wahrheit nicht stattgefunden.

Unterdessen erreichte in diesen Tagen der Terror in Algerien seinen Höhepunkt. Jean-Pierre war bei seinen Botengängen in Medea immer wieder Zeuge von Grausamkeiten. Er entdeckte auf einem Panzerfahrzeug die Leiche eines ihm bekannten Offiziers. Ein anderer Einwohner wurde von den Rebellen als Warnung durch einen Schuss in den Rücken getötet. Er hatte lediglich auf einer Gartenbank gesessen. Zunächst bestand Jean-Pierre darauf, weiter sein Mönchshabit zu tragen, das mit der Kapuze einer *Djellaba* glich. Doch irgendwann bezeichneten ihn Jugendliche in Algier wegen seiner Kleidung als französischen „Eindringling". Diesen Vorwurf wollte er nicht auf sich sitzen lassen und trug fortan zivile Kleidung.

Die Fahrt nach Algier, die der Prior am 30. Dezember antrat, sollte nachhaltige Folgen haben. Er wollte Amédée, der sich in Paris einer medizinischen Behandlung unterzogen hatte, am Flughafen abholen. Die Startbahn war jedoch wegen der Kälte in Frankreich vereist, sodass dieser erst am nachfolgenden Tag fliegen konnte. Christian verbrachte die Nacht im Priesterhaus St. Augustin und fand keinen Schlaf. Was wird uns wohl morgen zustoßen? Diese Frage quälte ihn, denn sie mussten auf der Rückfahrt die enge Schlucht von Chiffa passieren, die als besonders gefährlich galt. „Ich möchte nicht einfach so sterben", sagte er sich, „ich schulde meinen Eltern, meiner Gemeinschaft, meinen Freunden und der Kirche Auskunft darüber, weshalb ich auf diese Weise sterbe." Bevor der Morgen graute, setzte er sich deshalb hin und schrieb eine zweite Fassung seines Testaments. Er steckte es in einen doppelten Umschlag und schickte es seinem Bruder Gérard nach Paris mit der Bitte, den zweiten verschlossenen Brief erst nach seinem Tod zu öffnen.

Durch die Chiffa-Schlucht braust ein Fluss. Amédée betete, wie immer wenn es kritisch wurde, den Rosenkranz. Christian steuerte den R4 und rechnete mit dem Schlimmsten. Steil ragten die Felsen vor ihnen auf; sie boten jedem Kommando die Möglichkeit zu einem Anschlag. Jean-Pierre berichtet, er habe die innere Anspannung der beiden Brüder gut verstehen können. Er selbst kannte die Strecke genau und hatte dort mehrmals Busse und Fahrzeuge der Behörden brennen sehen. Nach 16 Uhr blockierte das Militär regelmäßig den Verkehr von Medea nach Algier. Doch an diesem Wintermorgen geschah nichts. Unbehelligt trafen die beiden Mönche wieder im Kloster ein.

Einige Tage später bestellte der Wali, der Präfekt der Region Medea, den Prior und Jean-Pierre zu einem dringenden Gespräch in sein Büro und forderte sie auf, ihr Kloster zu verlassen. Als sie ablehnten, bot er ihnen in der Stadt ein leer stehendes Hotel als Unterschlupf an. „Wir wollten jedoch bei den Menschen bleiben", erklärt Jean-Pierre. „Sie hätten nicht verstanden, dass wir sie in der Stunde der Gefahr verlassen."

Stundenbuch ~ Notre-Dame de l'Atlas
25. Juli 2011

7:30 Uhr: Jean-Pierre hat mir nach dem Nachtoffizium einen Zettel mit einem Zitat unter der Tür durchgeschoben: „Nichts ist mehr zu fürchten als die Härte und Trockenheit des Herzens. Deshalb bitten die Mönche Gott um ‚die Gabe der Tränen', damit er ihr Herz besänftige."

Die Gabe der Tränen. Wenn ich das Gesicht von Jean-Pierre betrachte, glaube ich, dass er in seinem Leben oft geweint hat und es noch immer tut. Jetzt meist aus reiner Dankbarkeit.

8:00 Uhr: Größere Stille im Haus, die Sonntagsmesse beginnt erst um 11 Uhr. Die schwarzen Berge liegen im Dunst, darüber reines Blau. Leuchtende Blumen im Garten, die Zypressen schwarzgrün. Sie sind die Lieblingsbäume in Klöstern, denn sie weisen nach oben.

Verspätet zum Frühstück. Ich vermisse den Kaffee und begnüge mich mit trockenem Brot und einem Apfel.

9:15 Uhr: Beim Stöbern in der Bibliothek entdecke ich ein Buch über Hadewijch von Antwerpen, eine flämische Mystikerin des Mittelalters, über deren Lebenslauf man kaum etwas weiß. Eine Passage fürs Leben: „Gott dürstet danach, mein Durst zu sein. Indem er sich zurückzieht, lässt er sich entdecken. Wenn er sich verbirgt, enthüllt er seine Geheimnisse, und indem er sich verweigert, liefert er sich aus."

11:00 Uhr: Eucharistie, Jean-Pierre ist der Zelebrant. Er predigt über das Gleichnis vom Schatz im Acker. Die Verborgenheit und die Herrlichkeit Gottes. Der Entdecker des Schatzes verkauft alles, um den Acker zu erwerben.

Er selbst hat damals in der Mühle von Buding auch alles verlassen – eines Schatzes wegen. Jetzt hält er ihn, von den Jahren leicht gebeugt, am Altar in den Händen. „Nicht mehr lange", sagt er wenig später lächelnd „und ich darf ihn für immer behalten."

Die Franziskanerinnen von nebenan haben einige Freundinnen mitgebracht. Nach der Messe Umarmungen und Gespräche. Die drei Spanier in Sonntagskluft. Südländische Sonntagsheiterkeit. Innen räumt Jean-Pierre den Altar ab, dann stellt er sich unter die Ikone der „Sieben Schlafenden" und lässt sich fotografieren. Der Überlebende ist hellwach.

In Midelt ist sonntags Markttag. Die Bauern aus den Bergen kommen mit Gemüse, Früchten und Eiern. Die Nachbarn des Klosters respektieren den christlichen Feiertag. Von Omar und seinen Kollegen ist nichts zu sehen. Der Tee-Salon bleibt heute leer. Nur die Stimme des Muezzins schallt herüber, im Wind scheint sie leiser.

12:30 Uhr: Sonntagsessen am Atlas. Carlos reicht die Melonenscheiben und sagt, das sei der „Apéro". Nach den Tomaten und Oliven gibt es Pizza, jeder ein Viertel. Herrliches Wasser, wie aus dem Fels. Bis zur Vesper ist Pause.

15:00 Uhr: Der Sonntag ist hier ein österlicher Festtag. In der Abgeschiedenheit friedlicher und gesammelter als anderswo. Jede Arbeit ruht, nur Bara schafft in der Küche. Es sind Stunden der Lektüre. Jean-Pierre sitzt im Schatten eines Apfelbaums. Nach zwei Stunden sitzt er noch immer da. Als ich ihn später frage, was denn so spannend gewesen sei, sagt er: „Die Bibel."

16:30 Uhr: Ich lese von einem jungen, zum Christentum konvertierten Moslem, der auf die Frage, was er beim Ruf des Muezzins denke, antwortet: „Weder Ablehnung noch Gleichgültigkeit. Ich mache mich eins mit Christus, der dieses Gebet Gott opfern wird."

19:00 Uhr: Nach der Vesper die im Orden übliche Festtagsanbetung. Das französische Wort „adoration" ist zärtlicher. Ich verehre lieber als anzubeten. Die halbe Stunde in der heißen Kapelle ist lang. Die vier Mönche knien auf dem Boden vor der Monstranz mit dem Allerheiligsten, das auf dem Altar ausgestellt ist. Hier beginnen die Mysterien.

22:30 Uhr: Sterne über Midelt. Leichtes Flackern im tiefen Blau, Feuerzeichen der Unendlichkeit. Der Prophet Baruch schreibt, dieses Licht „gehorche" der Stimme des Schöpfers: „Er hat die Sterne gerufen und sie haben geantwortet: Hier sind wir".

Frischer Nachtwind, im Süden die Silhouette der Berge. Auch ich gehorche, sprachlos angesichts der Herrlichkeit.

Kapitel 8

Hinein in die Nacht

Über dem Weihnachtsabend 1993 in Tibhirine lag ein sonderbares Licht. Der Mord an den kroatischen Gastarbeitern in Tamesguida und der „Besuch" der Terroristen um Sayad-Attia am Vorabend hatten die Mönche tief getroffen. Doch schien dieser Schock irgendwie durch das Fest der Ankunft des Friedensfürsten verklärt. Es war eine Mischung aus Furcht und Entschiedenheit, die die Mönche in ihrem kleinen Kapitelsaal zusammenführte. Der Raum auf der ersten Etage des Klosters war spartanisch eingerichtet, ein Tisch in der Mitte, darum neun Stühle. An den weißen Wänden einige Bücherregale und die Kassetten zum Erlernen der arabischen Sprache. Hier fanden die Diskussionen der kleinen Gemeinschaft statt, die seit dem Beginn des Terrors gegen Ausländer buchstäblich auf Messers Schneide geführt wurden. Alle Theorien mussten der brutalen Realität weichen. Vorausgegangene Kontroversen über hin und wieder aufbrausende Brüder oder kleine Regelverstöße wurden längst von der realen Bedrohung verdrängt. Es ging um Leben und Tod.

Aus Algier hatten sie gehört, dass die Häftlinge in den Gefängnissen furchtbar misshandelt wurden. Grausame Methoden wie Wasserfolter und Elektroschocks, wie die Franzosen sie praktiziert hatten, waren durch immer neuere, schrecklichere Praktiken abgelöst worden. Damit sie Informationen preisgaben, wurden Gefangene mit Stacheldraht geschlagen, gepeitscht und kastriert. Sie wurde am Schlafen gehindert und mussten aus Toilettenschüsseln trinken. Jene, die vor drei Jahrzehnten von den Pieds-Noir gefoltert worden waren, betätigten sich jetzt selbst als Folterer. Die Nachrichten darüber verbreiteten sich überall, das Land erzitterte im Schmerz.

So sehr auch oben im Atlas-Kloster die Angst umging, ab jetzt herrschten klare Verhältnisse. Die Hoffnung wider besseres Wissen, dass die Mönche in ihrer wehrlosen Hilfsbereitschaft von Angriffen verschont bleiben würden, war dahin. Selbst die in der Vergangenheit so oft in Anspruch genommene Ambulanz von Luc hatte die „Besucher" nicht davon abhalten können, sie zu bedrohen. Im Gegenteil, sie wollten den Toubib völlig für sich vereinnahmen. Die Bedrohung war in der Nachbarschaft ringsum und in Medea auf solch erschütternde Weise präsent, dass in der Zivilbevölkerung niemand wagte, seine Stimme gegen das schreiende Unrecht zu erheben.

„In gläubigem Gehorsam Gott ganz unterworfen" – diese Losung hatte Christian ausgegeben und hinzugefügt: „Hinein in die Nacht." Diese „Nacht", die man als Anspielung auf die Passionsberichte im Johannesevangelium oder auf die Nacht-Mystik des hl. Johannes vom Kreuz verstehen darf, hatte mit den Ereignissen der Heiligen Nacht begonnen. Die Trappisten von Tibhirine, die jede Nacht in den Vigilien wachten, waren sich der dramatischen Aktualität der Herausforderung bewusst. Sich auf ihre ureigenste Aufgabe als „Beter unter Betern" besinnend, rückten sie zusammen. Seit dem Weihnachtsabend 1993 waren ihre Entscheidungen einstimmig. Alle sechs Monate stellten sie sich erneut die existenzielle Frage und stimmten darüber ab, während im Land der blutige Terror ungeahnte Ausmaße annahm. Stets blieb ihre Antwort die gleiche: „Gegen alle Zweifel, wir bleiben."

Im Film „Von Göttern und Menschen" wird dieses Ringen zum Hauptthema gemacht, Aufzeichnungen darüber, wie die Abstimmungen in der Gemeinschaft tatsächlich verlaufen sind, gibt es nicht. Jean-Pierre schweigt ebenfalls dazu. Es hat anscheinend für ihn auch keine große Bedeutung, wer wann was gesagt oder entschieden hat. Es war ihre gemeinsame Haltung, die sich in zahlreichen Gesprächen herauskristallisierte: „Es ist unmöglich, dass wir unsere Nachbarn, die Familien allein der Gefahr überlassen, während wir uns anderen Ortes in Sicherheit bringen." Er möchte nicht ins Detail gehen, macht jedoch keinen Hehl daraus, dass er von Anfang an dafür eintrat zu bleiben.

Alle waren sich darüber im Klaren, dass ihr Stabilitätsgelübde eine neue Bedeutung bekommen hatte. Es war nicht nur eine Entscheidung für ihren Orden und ihr Kloster. Es bedeutete schlicht: „Du bleibst hier bei uns." Seit der Krise in Algerien war Jean-Pierre zunehmend bewusst geworden: „Dieses Gelübde verband uns nunmehr auf Biegen und Brechen mit dem Los unserer Nachbarn. Diesem Engagement wollte sich niemand entziehen, es war Teil unserer Berufung, der Gegenwart im algerischen Volk im Namen Christi."

Seine Position war klar: „Wenn wir unter diesen Umständen von hier weggehen, werden wir nie mehr zurückkommen." Einer der Dorfbewohner hatte ihm in einem Gleichnis gesagt: „Ihr seid für uns der Ast, auf dem wir sitzen. Wohin sollen wir gehen, wenn ihr geht?"

Während der Beratungen rief einer der Brüder erneut das 10. Kapitel des Johannesevangeliums in Erinnerung: Verlässt der gute Hirte seine Herde, wenn er spürt, dass der Wolf naht?

Nach dem Gespräch mit dem Präfekten in Medea, dessen dringende Bitte, das Kloster zu verlassen und sich unter seinen persönlichen Schutz zu stellen, die Mönche abgelehnt hatten, kam es zu einigen Zugeständnissen: Von 17:30 bis 7:30 Uhr am Morgen blieben die Pforten des Klosters geschlossen. Als Verbindung mit dem Haus des Wächters wurde eine Telefonleitung gelegt. Die Zahl der im Kloster verbleibenden Brüder sollte nach Absprache mit Bischof Tessier vorübergehend reduziert werden. Da Pauls Mutter erkrankt war, wurde er für einige Wochen zu ihr nach Savoyen geschickt. Célestin sollte sich in einer französischen Klinik einer Herzoperation unterziehen. Für den Fall, dass sie eines Tages Notre-Dame de l'Atlas verlassen müssten, beschlossen die Mönche, dann nicht nach Frankreich zurückzukehren, sondern sich in die Gemeinschaft von Fès zurückzuziehen. Weiter wurde beschlossen, den einzigen Novizen, Philippe Ranc, zum Studium nach Straßburg zu schicken und einstweilen keine weiteren Novizen aufzunehmen.

Wenige Tage nach Weihnachten besuchte Bischof Tessier die Gemeinschaft. Er war nach den Festlichkeiten eilends aus Algier angereist und trug Anzug und Krawatte. An die im Kapitelsaal versammelten Mönche richtete er zwei Fragen: „Wollt ihr nach Algier oder Fès flüchten und die Menschen einfach alleinlassen? Welche Antwort gebt ihr ihnen?" Angesichts der bedrohlichen Lage schlug er ihnen für den Notfall das folgende Zugeständnis vor: „Wenn es nicht anders geht, solltet ihr Tibhirine einzeln verlassen." In diesem Fall wollten einige Brüder als Wachposten im Kloster bleiben.

Am Abend nach dem Besuch von Tessier bat Christian seine Mitbrüder zu Einzelgesprächen in seine Zelle. Jean-Pierre schweigt darüber, was dort besprochen wurde. Doch an diesem Abend wurde deutlich, dass Einstimmigkeit darüber herrschte, das Kloster nicht zu verlassen. Am nächsten Morgen fand eine neue Versammlung des Ordenskapitels statt. Michel nahm die Kerze, die vor der hölzernen Marienstatue stand, zündete sie an und stellte sie in die Mitte des Tisches. Es war eine feierliche Geste; niemals zuvor stand im Atlas-Kloster so viel auf dem Spiel. Es ging um Leben und Tod. Doch es war auch eine Stunde großer Gnade. Keine Zweifel mehr, keine Angst. Alle waren entschlossen zu bleiben.

Kardinal Etienne Duval, der sich im Algerienkrieg auf die Seite der Aufständischen gestellt hatte, rief an und sagte: „Die ganze Kirche Algeriens steht euch bei." Auf die Frage Christians, wie sich die

Gemeinschaft bei einem erneuten „Besuch“ verhalten sollte, riet ihm der greise Kardinal: „Tretet gegenüber diesen Leute sehr entschieden auf.“

Auch ein vom algerischen Außenminister inspiriertes Angebot des apostolischen Nuntius in Algier, sich in dessen Residenz einzurichten, lehnten die Mönche in einer Abstimmung im Sommer 1994 dankend ab. Sie wollten jedoch gemeinsam mit ihm und dem Bischof überlegen, wie es weitergehen könnte. Ein halbes Jahr später gab es eine neuerliche Abstimmung des Ordenskapitels, an der Bischof Tessier teilnahm. Während ringsum im Bergland mehr und mehr bewaffnete Truppen umherzogen, dankte der Bischof ihnen für ihre zeichenhafte Präsenz, das unablässige Gebet, das Risiko, das sie auf sich nahmen, ihren Mut und ihre Treue zu Tibhirine.

Jean-Pierre berichtet, dass es nach der Ausgangssperre und der Schließung des Gästehauses im Kloster sehr still wurde. Fast alle Verbindungen zur Außenwelt brachen ab. Die Ruhe hatte mitunter etwas Unheimliches. Angst schlich sich ein: „Wir wehrten uns mit körperlicher Arbeit dagegen, doch wenn wir uns bei Anbruch der Nacht nach dem Singen des ‚Salve Regina‘ am Ende der Komplet in unsere Zellen begaben, war die Spannung für alle greifbar. Würden sie erneut kommen, würde es aus strategischen Gründen wahrscheinlich im Schutze der Nacht geschehen. Vielleicht in dieser Nacht?“

Generalabt Dom Olivera bewunderte später die unerschütterliche Ruhe von Jean-Pierre. In den Stunden der Herausforderung schlief er im Pfortenraum und gab die Hoffnung nicht auf, dass man ihre Berufung als Ordensleute respektieren würde: „Die Türe zur Straßenseite wurde nicht verschlossen, mit einem einfachen Schieberiegel konnte man sie öffnen. Im Inneren des Klosters trafen wir keine Sicherheitsmaßnahmen, weder Fenster noch Türen wurden verbarrikadiert. Militärischen Schutz vor Ort lehnten wir ab. Sollte es zu einer plötzlichen Aggression kommen, war jeder frei, ein Versteck zu wählen. Fest stand allein, dass keiner zu einem Kompromiss, mit welcher Seite auch immer, bereit war. Nichts anderes galt als unsere Mission der Präsenz im Geiste des Herrn: die einen und die anderen wie Brüder zu lieben."

Die traditionelle Mahnung der Schweige-Trappisten aus der Vorkonzilszeit –„Memento mori" – Bedenke, dass du sterben musst – wurde im Frühjahr 1994 in Algerien zu einer tagtäglichen Realität. Dies kam vor allem in den Predigten Christians am Ende der Karwoche zum Ausdruck. Das Triduum Paschale war im Atlas-Kloster noch nie so dramatisch gewesen. Am Gründonnerstag sprach der Prior über den „Märtyrer der Liebe", am Karfreitag vor der Kreuzverehrung über den „Märtyrer der Unschuld und der Gewaltlosigkeit", in der Osternacht über den „Märtyrer der Hoffnung". In der Kirche Algeriens begann die „Zeit des vergossenen Blutes".

Am 8. Mai 1994 wurden zwei andere Ordensleute, Bruder Henri Vergès und Schwester Paule Helène St. Raymond ermordet. Die Möglichkeit eines gewaltsamen Todes rückte auch für die Mönche im Atlas-Kloster näher. Christian hielt eine Predigt anlässlich des Todes seines engen Freundes Vergès: „Sein Tod erschien mir so natürlich, so im Einklang mit einem langen Leben, das sich ganz im Alltag hingegeben hatte. Er scheint mir zu jener Kategorie zu gehören, die ich ‚die Märtyrer der Hoffnung' nenne, jene, von denen man niemals spricht, weil sie in der Geduld des Alltags ihr ganzes Blut vergießen."

Die Augustinerinnen Caridat Maria Alvarez und Esther Alonso wurden am 23. Oktober erschossen. Christophe schrieb in sein Tagebuch: „Am Kirchenportal, zur Stunde der Eucharistie, die sie in Wahrheit gefeiert haben." Zwei Tage nach Weihnachten ermordete man die Weißen Väter von Tizi Ouzou: Jean Chevillard, Christian Cheissel, Alain Dieulangard und Charles Deckers. Am 10. November

1995 traf ein Überfall die „Kleinen Schwestern vom Heiligsten Herzen“, Sr. Odile und Sr. Chantal, die den Anschlag nach zwanzig Operationen überlebte. Der Delegat des Papstes bestärkte nach den Begräbnisfeierlichkeiten den Prior von Tibhirine lächelnd und mit großer Überzeugung, in einer Treue, die „die Möglichkeit eines Martyriums mit einschließt“.

Kurz vor Weihnachten wurden in Aïn-el-Ares unweit des Klosters zwei Frauenleichen gefunden. Amédée und Luc, die den engsten Kontakt mit den Nachbarn hatten und eine besondere Sympathie für die unterdrückten Moslemfrauen empfanden, waren erschüttert.

Die Brüder von Tibhirine reagierten wenige Tage später mit einem Bericht, in dem sie „in der gegenwärtigen Lage nach dem Charisma unseres Ordens“ fragten. Die Antwort ist von erschütternder Einfachheit: „... der gewaltsame Tod – von einem von uns oder von uns allen zusammen – wäre nur die Folge dessen, dass wir das Leben in der Nachfolge Christi gewählt haben.“

Christophe, der Gärtner und Poet, hatte in der Kapelle eine Krippe aufgebaut. Dazu benutzte er die Cashabia, die Tunika seines ermordeten Freundes Henri Vergès. Kamelhaar, eine große Kapuze, die als Krippe diente. Ein Symbol blutigen Ernstes, eine andere Deutung des „Christkindes“. Er schrieb in sein Tagebuch:

„Seht das Lamm, es ist da. Bald: die Hochzeit.
In der Höhlung einer Cashabia – stärker als der Mord –
ist er: Er ist geboren mitten unter uns,
um hingegeben zu werden
in unserem Leben.“

Zwei Tage später setzte er seine Aufzeichnungen fort. Ganz in Gedanken an die Lesung während des Nachtoffiziums, an den Berg

Morija aus dem 1. Buch Mose, auf dem der dem Tod geweihte Isaak das Rauchopfer richtet, schreibt er:

„Das Lamm und die Taube kommen,
um mich von dem Tierischen zu befreien, das sich in mir streitet
über mein Leben."

Der Winter geht zur Neige. Die Nebeltage sind zu Ende. Im Bergland von Medea blühen schon die Mandelbäume. Aus der Sahara weht lauer Wind. Christoph fragt sich bei der Gartenarbeit, wann die Stunde naht, „gesät zu werden". Am 19. März 1996, dem Fest des heiligen Josef, trägt er die letzten Worte in sein Tagebuch ein: „Wann kommst du zu mir ... Wandeln will ich schuldlosen Herzens." Jean-Pierre ist mit den Bienenstöcken beschäftigt, aus deren Wachs er eine Kerze für die Osternacht anfertigen will. Doch sollte es dieses Jahr eine Nacht sein, die nicht gefeiert werden würde.

Stundenbuch ~ Notre-Dame de l'Atlas
25. Juli 2011

3:45 Uhr: Vigil, die Mönche beten den 44. Psalm: „... um deinetwillen werden wir getötet Tag für Tag, behandelt wie Schafe, die man zum Schlachten bestimmt hat. Wach auf! Warum schläfst du, Herr?"

Jean-Pierre liest aus den Meditationen des Zisterzienserabtes Guillaume de St. Thierry: „Nach dir strecken wir uns aus, nach dir sehnen wir uns ..." Bald bricht der Tag an. Manche meinen, es sei die beste Stunde.

7:15 Uhr: Messe zum Fest des Apostels Jakobus. Jean-Pierre sagt, dass dieser zum engen Kreis der Freunde Jesu gehört hat. Bei den brenzligen Ereignissen der Verklärung und im Ölgarten Getsemani war er dabei. Später wurde er durch seine Predigten in Judäa und Galiläa bekannt, sodass Herodes Agrippa auf ihn aufmerksam wurde und ihn im Jahr 43 oder 44 n. Chr. enthaupten ließ. Der heilige Jakobus ist der erste Märtyrer unter den Aposteln.

Zu seinem Gedenken trägt Jean-Pierre heute ein blutrotes Gewand. Er verweist auf die Menschen, die seit dem Mittelalter nach Santiago de Compostela pilgern. Die Muschel auf dem Hut, den Stab in der Hand. Vézelay, Saint-Jean-Pied-de-Port, Roncesvalles, Pamplona, Puente la Reina, Burgos, León. Tausende haben sich in den vergangenen Jahren auf den langen Weg gemacht und berichten tief beeindruckt von ihren Erfahrungen. In einer Zeit des vergessenen Gottes ein starkes Zeichen.

8:30 Uhr: Jean-Pierre bringt mir nach dem Frühstück die Briefe, die Luc an seine Freunde geschrieben hat. Es seien „Dokumente einer robusten Mystik“.

Er hat den Toubib auf eine stille Art verehrt. Hinter der rauen Schale seines Umgangstons verbarg sich ein großes Herz. Seine Nähe beruhigte: „Manchmal genügte ein Blick.“ Der kernige Mann, der das erste Auftauchen der GIA verschlief, nachts das Essen vorbereitete und von früh bis spät Verletzte und Kranke pflegte, nahm den Zweifelnden in der Gemeinschaft etwas von ihrer Angst.

Den ganzen Tag bis tief in die Nacht in den Briefen von Luc gelesen. Ganz ergriffen, erschüttert. Was für ein Mann!

Am 9. Januar 1994, zwei Wochen nach dem „Besuch“ der Bande um Sayad-Attia, schreibt er: „Unsere Situation ist unbehaglich und gefährlich. Wir leben in einem Klima der Gewalt. Wir sind isoliert, wir sind allein, aber der Herr ist mit uns ... Was kann uns passieren? Weggehen und Gott schauen, in seiner Barmherzigkeit baden. Der Herr ist der große Barmherzige und der große Vergebende.“

Am 30. Januar 1994: „Die Kartäuser der Grande Chartreuse haben für uns eine Messe gelesen. Danke ... Ich wollte als junger Mann dort eintreten; in meinem hohen Alter ist mir die Nostalgie geblieben.“

Drei Tage später: „Wir leben noch, wir sind noch lebendig, entschieden, in diesem Kloster des Glaubens und der Nächstenliebe zu bleiben.“

Am 12. Februar 1994, seinem 80. Geburtstag: „Jetzt bin ich 80 Jahre alt. Man muss sein Leben mit Wohlwollen und Zärtlichkeit betrachten. Jeden Tag gehen wir dem Geburtstag unseres Todes entgegen ... In meinem Alter überschreitet man eine Grenze des Mysteriums, wo die Lieder verklingen und man die Schrecken des Weges spürt. Falls ich nicht eines gewaltsamen Todes sterben sollte, wünsche ich, dass man mir eine Seite des Evangeliums vorliest: der verlorene Sohn. Wie dieser werde ich in die Arme des Vaters stürzen; seine Barmherzigkeit und Zärtlichkeit sind unendlich."

Ostern 1994: „Christus zeigt uns den Weg. Er ist der geforderte ‚Durchgang' ... Wenn die Stunde gekommen ist, werde ich als Bettler vor Gott treten, mit leeren Händen, bedeckt mit Wunden. Wir gehen zu Ihm in der Armut, dem Scheitern und dem Tod ... Trotz des Versagens im Leben ist es eine Gnade, geboren zu werden, denn auf dem Grunde des Bösen ist jemand. Das Geheimnis des Lebens ist ‚Lieben'."

Am 12. Juli 1994: „Es ist sehr heiß, sie haben in den Wäldern vor dem Kloster Feuer gelegt. Die Gewalt nimmt zu. Gestern zwölf Tote in Algier ... Ich bin 80. Angst bedeutet Glaubenszweifel. Der Glaube verwandelt die Sorge in Vertrauen. Weshalb sollten wir uns fürchten? Betet für mich, ich vergesse euch nicht, ich vergesse euch nicht ..."

Am 19. September 1994: „Christian hat Célestin (mit sechs Bypässen) zurückgebracht. Mein Freund Professor Guillemin ist im Alter von 82 Jahren gestorben und mein Schmerz ist groß ... Der Tod ist ein physischer Unfall. Er ist nicht Ende, sondern Anfang ... Die Auferstehung beginnt nicht morgen, sondern schon heute ..."

Am 25. November 1994: „Heftiger als die Regenfälle und Überschwemmungen ist die Gewalt. Zwei Gruppen kämpfen mit dem Rücken zur Wand um die Macht ... Es geht nicht darum zu sterben, sondern überhaupt nicht zu sterben, indem man jeden Tag über den Tod triumphiert und die Gegenwart Gottes atmet."

Wenige Tage vor Weihnachten 1994, dem Jahrestag des ersten Übergriffs: „Je mehr ich lebe, umso mehr denke ich an Christus. Mit der Zeit verstehe ich die aktuellen Ereignisse besser. Früher sah ich Ihn in der Vergangenheit, jetzt ist Er da."

Am 15. Januar 1995: „Am Abend meines Lebens bedauere ich nichts. Nur eine Traurigkeit gibt es, die, ‚kein Heiliger zu sein', wie es Léon Bloy in seinem Roman ‚Die arme Frau' schrieb. Wann wirst du diesen Brief lesen? Die Verbindungen mit Frankreich sind unterbrochen ... Die Bewohner von Medea kommen nicht mehr zu uns, obwohl die Entfernung nur 8 Kilometer beträgt. Sie haben Angst. Bleiben nur die Armen und Kranken."

Am 29. Januar 1995: „Übermorgen werde ich 81. Seit 49 Jahren betrachte ich die Berglandschaft, die das Kloster umgibt. Wie lange werde ich sie noch sehen? Zu Beginn des Ramadans nimmt die Gewalt zu ..."

Am 31. Januar 1995: „Gestern Attentat in Algier, dreißig Tote. Wir sind in Tibhirine noch sieben Mönche. Viele Ordensleute haben Algerien verlassen. Wie ist der Mensch, dieses, wie Péguy schrieb, „Monster der Unruhe" zu bezähmen? Indem man sich jeden Tag mehr auf Gott stützt."

Am 15. Februar 1995: „Das Kloster ist eine vom Sturm umtoste Insel. Aber wir halten durch."

Am 31. März 1995: „Wenn du diesen Brief liest, wird der Herr gekreuzigt. Gott fürchten heißt, in seiner Gegenwart leben. Diese Furcht schließt jede andere Furcht aus."

Am 27. Juni 1995: „Ich denke nicht daran, wegzugehen oder zu fliehen. Ich grabe vielmehr an jenem kleinen Platz, der mir gegeben ist. Man findet hier Gott und alles. Die Liebe gräbt. Ich bin verbraucht, doch beginne ich jeden Tag neu."

Am 14. August 1995: „Viele unserer Freunde verschwinden ... Aber der Tod ist notwendig. Ohne ihn wäre das Menschenleben miserabel ... Ich werde Frankreich nicht wiedersehen, ich gehe in jenes Land, in dem Milch und Honig fließen, das Gelobte Land."

Am 27. September 1995: „Die Kälte ist mit Regen und Gewittern gekommen. Mir geht es etwas besser und ich setze meine Arbeit bei schwacher Gesundheit fort ... Bete für mich, dass mein Gottvertrauen grenzenlos sei."

Am 26. Januar 1996: „Möge der Herr uns im Angesicht des Bösen in seinem Frieden und seiner Freude bis zu jenem letzten Tag leiten, wo er uns ein Zeichen gibt. ‚Habt keine Angst.' Sein Erbarmen ist unendlich."

Am 15. März 1996: „Erneut ist unsere Gegend in Schrecken und Gewalt getaucht. Gott will nicht das Unglück. Er ist unter den Opfern."

Am 24. März 1996, *zwei Tage vor der* Entführung, in seinem letzten Brief: „Wir können als Mensch nur bestehen bleiben, wenn wir zu einem Ebenbild der Liebe werden, so wie sie sich in Christus gezeigt hat, der als Gerechter das Los des Ungerechten erleiden wollte."

23:20 Uhr: Erschöpft lege ich die Briefe zur Seite. Völlig ergriffen. Ich möchte in Gedanken gern Freundschaft mit Luc schließen. Er hat das Format eines Heiligen.

Kapitel 9

Der Überfall

Die Unterredung im Büro des Wali nahm an Heftigkeit zu. Als die beiden Mönche mitteilten, dass in der Ambulanz von Luc auch „Brüder aus den Bergen“ gepflegt würden, erwiderte der Präfekt: „Was? Ihr helft diesen Mördern?“ Christian antwortete ruhig: „Wir pflegen Kranke und Verletzte, ohne nach deren Herkunft zu fragen. Unsere Hilfe hat keine politischen Gründe.“ Daraufhin versuchte der hohe Beamte nicht länger, sie zu überzeugen, aber er erließ strenge Anweisungen: Das Kloster musste von 17:30 bis 7:30 Uhr geschlossen bleiben; niemand durfte in diesen Sperrstunden empfangen werden. Militärischen Schutz, den der Präfekt ihnen im Gespräch mehrfach aus Sicherheitsgründen vorschlug, lehnten die Brüder ebenso entschieden ab.

Als eines Abends zwei verdächtige Personen am Pfortenhäuschen von Jean-Pierre auftauchten, sagte er ihnen unmissverständlich: „Wir wollen keine Waffen in unserem Haus. Geht in die Berge.“

Weder der Wali noch die Waffen der anderen Seite konnten sie irritieren. Sie wollten nur für ihre Nachbarn da sein und selbst wenn es heikel wurde, keine Position beziehen. Obwohl sich das Atlas-Kloster im Belagerungszustand befand, blieben die Mönche bei ihrer Entscheidung, Tibhirine und ihre Nachbarn nicht zu verlassen. Sie standen zu ihrem Versprechen. Sie standen zu ihrem Ort. Es war der Ort ihres Herzens.

Die Restriktionen der Präfektur wurden jedoch ohne Wenn und Aber befolgt. Die Stimmung im Kloster veränderte sich schlagartig;

es war nun von der Außenwelt quasi abgeschnitten. Das Gästehaus stand leer. Wenn die Glocken zum Ende der Komplet läuteten, breiteten sich Unsicherheit und Angst aus. Bis zum Tod von Sayad fürchtete man dessen Rückkehr. Manche wollten die Klostereingänge zu einer Festung ausbauen, andere Verstecke errichten. Die Gemeinschaft diskutierte über die Frage, wie man sich im Falle eines Angriffes verhalten solle. Es wurde beschlossen: Wir machen nichts, jeder kümmert sich um sich selbst.

Erste Erfahrungen mit der GIA hatte man schon gesammelt. Zwei ihrer Mitglieder verlangten eines Abends, das Telefon des Klosters benutzen zu können; später stellte man fest, dass diese Gespräche in die Schweiz und nach Norwegen gegangen waren, offenbar zu Geldgebern oder einem internationalen Terrornetz. Paul kannte sich als ehemaliger Fallschirmjäger mit solchen Praktiken aus. Als er den beiden Zigaretten anbot, erhielt er zur Antwort, der Koran verbiete das Rauchen. Und er erwiderte: „Der Koran verbietet auch das Töten."

Was auch immer draußen vorging – im Kloster sollte es anders sein. Keine Gewalt, keine Waffen. Auch als sich wenig später Militärs im Kloster niederlassen wollen, schickt Christian sie hinaus zur Ambulanz.

Bei einer anderen Gelegenheit erschienen tagsüber zwei GIA-Mitglieder in einem Auto am Gartentor und verlangten, den Toubib zu sehen. Doch als jemandem auffiel, dass sie in ihren Taschen Waffen mitführten, löste man Alarm aus, Militär fuhr vor, die beiden ergriffen die Flucht.

Christian verfolgte unterdessen die Radionachrichten. Manche Vorfälle erschienen kurios; es war nicht auszuschließen, dass sich im Umfeld des Klosters ein Verräter aufhielt. Sonderbar war jedoch auch, dass es die Terrorgruppe in den Bergen zuließ, dass im Kloster weiterhin die Glocken geläutet werden durften, obwohl sie präzise Tageszeiten angaben. Auch konnten Frauen aus der Nachbarschaft das Kloster weiter betreten, was strenge Islamisten nie erlaubt hätten. Ironisch sagten sie im Kloster manchmal zueinander: „Wir werden durch die GIA beschützt." Jean-Pierre: „Es herrschte eine geradezu komische Stimmung."

Unterdessen häuften sich in Algier die Attentate. Das Militär verschärfte die Kontrollen und begann im Gebirge rund um Medea die Wälder anzuzünden. Wenn sich Jean-Pierre zu Botengängen, die einfach nicht zu vermeiden waren, in die Stadt begeben musste war dies jedes Mal ein höchst riskantes Unterfangen. Autos und Busse standen in Brand, unschuldigen Insassen wurden die Papiere abgenommen. In der Nähe des Marktes wurde ein Gendarm durch einen Kopfschuss getötet. Das Gedränge war für Anschläge besonders gut geeignet. Der Bäcker warnte den Mönch: „Bleiben Sie weg von hier, es ist zu gefährlich." Kinder schmissen mit Steinen, doch Jean-Pierre verteilte Süßigkeiten an sie. Nur wenn Luc mitkam, blieb es ruhig; er wurde als Arzt von allen geschätzt. Schließlich antwortete Jean-Pierre seinem Bäcker: „Wenn ich Angst vor diesen Menschen habe, ist mein Platz nicht in Algerien." Eines Tages trat ihm ein fremder Mann entgegen und gab ihm die Hand, in der sich eine brennende Zigarette befand.

Vor jeder Fahrt in die Stadt ging Jean-Pierre in die Kapelle und legte alles in Gottes Hand. Als die Gemeinschaft zu einigen Einkehrtagen versammelt war, sagte ihnen der Jesuit, der die Tage leitete: „Wenn jemand Angst hat, ist es besser, dass er geht." Doch hieß es auch, es sei nicht gut, sich durch die Angst besiegen zu lassen.

Über seine stillen Aufenthalte in der Kapelle will Jean-Pierre nichts sagen. Er bittet darum, auch keine weiteren Fragen zu stellen.

Es muss für ihn die Zeit einer entscheidenden Präsenz gewesen sein. Ähnlich wie damals, als er als Kind ins Schlafzimmer floh und weinte, oder wie in Saint-Brieuc, als seine Berufung auf dem Spiel stand.

Jetzt fuhr er dreimal pro Woche in die Stadt, kaufte Brot, Kaffee und das Nötigste an Obst. Der von seinem Mut beeindruckte Bäcker schenkte ihm zu Weihnachten einen Kuchen. „Wir werden erst gehen", so bedankte sich der Mönch, „wenn die Leute uns darum bitten." Der Einzige, der das Kloster noch besuchte, war Pfarrer Nicolas aus Medea. Er kam stets freitags zur Eucharistie, anschließend gab es Fritten. Luc sagte dem Gast einmal: „Es ist die Aufgabe eines Kochs, Freude zu bereiten", und bei einer anderen Gelegenheit: „Es ist leichter, einen Priester zu finden als einen guten Koch."

Trotz dieser Atmosphäre gespannter Ruhe und schleichender Ungewissheit erlaubte man den Mitgliedern des christlich-islamischen Gesprächskreises Ribât, seine halbjährliche Begegnung im Kloster abzuhalten.

Es war die Nacht vom 26. auf den 27. März 1996.

Ein Uhr, Jean-Pierre befand sich gerade im Pförtnerraum vor dem Gebäude im mittleren Hof, als er von Stimmen geweckt wurde. Sie kamen vom Portal. Es waren nicht wie sonst zwei oder höchstens drei Personen, sondern mehr. Sofort fuhr ihm durch den Kopf: „Das sind sie. Sie wollen gewiss den Arzt sehen." Als Zeichen des Vertrauens hatte man diesen Eingang offen gelassen, sich damit aber zugleich völlig ausgeliefert. „Wir sind Mönche und nicht bewaffnet", hieß es stets zur Begründung.

Jean-Pierre berichtet präzise über die entscheidende Stunde. Er spricht ganz leise, als herrsche immer noch Alarmzustand:

„Es war spät. Ich wusste sofort, dass es sich um den befürchteten ungebetenen Besuch der Bergbewohner handeln musste. Es hatte nicht geklingelt. Sie waren eingedrungen, um in den Kreuzgang zu kommen. Ungesehen näherte ich mich dem Fenster, um Klarheit zu gewinnen, was dort geschah. Die Gruppe, die sich anscheinend ein wenig abseits, rechts vom Portal, befand, konnte ich nicht sehen. Aber in diesem Moment bewegte sich ein Schatten auf sie zu. Er kam von der kleinen Eisenpforte, die zur Straße führte; sie stand offen. Es handelte sich um einen bewaffneten Mann; er trug eine Maschinenpistole und ging auf die anderen vor dem Portal zu. Ich wechselte auf die andere Seite des Raumes, zur Glastür, die zum Windfang des Klostereingangs hinausführt. Dann sah ich einen Mann mit Turban, der eine Maschinenpistole umgehängt hatte, durch die Tür gehen, die zum Kreuzgang und zum Zimmer von Luc führte.

Da die Art der Unterhaltung und auch der Gang des Mannes keinerlei Aggressivität verrieten, täuschte ich mich über den Ernst der Lage. Ich dachte, man wollte den Doktor bitten, jemanden zu behandeln, was in der Vergangenheit schon einmal vorgekommen war. Dieser Gedanke hinderte mich zunächst daran, mir darüber klarzuwerden, wie viele es wirklich waren. Später erfuhr ich vom Wächter, dass es etwa zwanzig Angreifer gewesen waren. Offenbar hielten sich die anderen in diesem Augenblick außerhalb des Klosters auf. Da ich nicht vom Läuten geweckt worden war, nahm ich an, Christian sei mir zuvorgekommen und habe ihnen geöffnet, denn das Zimmer, in dem er nachts schlief, befand sich nicht weit vom Eingang des Klosters entfernt.

In Wirklichkeit waren sie, wie der Wächter später erzählte, nicht durch das Eingangstor eingedrungen, sondern durch eine Tür im Kellergeschoss, die an der Rückseite der Gebäude in den Garten führt. So waren sie durch das Innere der Gebäude bis zu Christians

Zimmer und dem von Luc vorgedrungen. Als ich aufwachte, waren beide schon vor dem Portal mit der Gruppe im Gespräch. Christian stand in der Mitte des Hofes; Luc hielt seine Tasche für Arztbesuche in der Hand. Er war bereit, diese Leute zu begleiten, um die angeblich Schwerverletzten zu behandeln. Der Wächter, der mir später alle Einzelheiten berichtete, war mit dabei.

In der Hoffnung, dass alles ein gutes Ende nehmen würde, begann ich zu beten. Aber wirklich bedrohlich schien es mir in diesem Moment nicht zu sein. Dann hörte ich Christian fragen: „Wer ist der Chef?“, und einer der Männer antwortete ihm: „Der da ist der Chef; man muss tun, was er sagt.“ In diesem Moment, so erzählte es später der Wächter, wurde der Befehl gegeben, alle Türen zu öffnen. Ich hörte ein Kommen und Gehen einzelner Personen in der Eingangshalle, dann nichts mehr.

Die kleine Pforte, die zur Straße führte, hatte sich mit dem für sie typischen Geräusch geschlossen. Scheinbar hatte sich alles wieder beruhigt, und ich war erleichtert, dass nichts Schlimmes geschehen war. Ich ging hinaus zur Toilette, bevor ich mich wieder hinlegte. Die Lampen im Kreuzgang waren gelöscht. Alles schien in Ordnung zu sein. Ich dachte, Christian habe die Männer aus den Bergen zurückgeschickt und sich wieder hingelegt. Eine Sache erschien mir jedoch merkwürdig: Im Windfang und im Zimmer nebenan lagen Kleider auf dem Boden. Kleidung wie die, die Luc sammelte, um sie den Armen zu geben. Sollten sie etwa Kleidung verlangt haben, die ihnen dann nicht gefiel, sodass sie sie im Fortgehen weggeworfen hatten?

Ich war noch zu keinem richtigen Schluss gekommen, da klopfe es an meine Tür, die Glastür, die zum Windfang führt. Es war Amédée in Begleitung seines Freundes, dem Generalvikar von Oran, Thierry Becker. ‚Weißt du, was geschehen ist?‘, sagte Amédée. ‚Wir sind allein. Alle anderen wurden entführt.‘“

Jean-Pierre bewahrte in dieser dramatischen Situation die Ruhe. „Sie werden sie nicht töten“, sagte er, „sonst hätten sie es sofort getan.“ Außerdem dachte er an den asthmakranken Luc und an den herzkranken Célestin. Wer würde denen etwas antun? Obendrein bezogen Soldaten der Armee seit Beginn der Ausgangssperre Wachposten im Gebirge. Dies verschaffte ihnen eine gewisse Sicherheit. Jean-Pierre vermutete, dass seine Brüder als Geiseln benutzt werden sollten, um einer Forderung der Entführer Nachdruck zu verleihen.

Die drei machten sich gegenseitig Mut, legten sich jedoch nicht mehr schlafen. Becker wollte die Glocken läuten, doch aus Vorsicht sah man davon ab. Schließlich sagte Jean-Pierre voller Gewissheit: „Sie kommen zurück.“ Es war bereits kurz vor fünf Uhr. Dann sangen sie zusammen mit den vier Weißen Vätern, die sich im Gästehaus befanden, die Laudes: „Herr, vernimm meine Stimme, achte auf mein lautes Flehen! Am Tag meiner Not rufe ich zu dir, denn du wirst mich erhören.“

Wie sich herausstellte, hatte das Überfallkommando alle Telefonleitungen gekappt. Die Telefonmasten in der Umgegend waren zerstört, jede Verbindung nach außen war unterbunden, und die Ausgangssperre machte den beiden Mönchen eine Flucht unmöglich. Es war einfach zu gefährlich, zwischen die Fronten zu geraten.

Um fünf Uhr kamen gewöhnlich die ersten Beter in die kleine Moschee in der Nähe des Klosters. Doch diesmal erfolgte kein Ruf des Muezzins. Es war ihnen von den Bewaffneten, die vor dem Überfall im Dorf Erkundigungen eingeholt hatten, verboten worden.

Jean-Pierre und Thiery Becker eilten zum Wächter, dessen Haus sich innerhalb der Klausur am Rand der Straße befand. Die junge Frau, die in der Tür stand, war in Tränen aufgelöst. Es sei etwas mit ihrem Mann passiert. Dieser war in der Nacht von den Terroristen geweckt worden und hatte den Auftrag erhalten, den Arzt zu holen, sie hätten zwei Schwerverletzte. Am nächsten Tag berichtete er: „Ich habe geantwortet: Ich darf nicht, die Brüder haben mir verboten, in der Nacht zu kommen." Daraufhin wurde er mit Gewehren bedroht: „Moha, du gehst den Arzt holen." Als er über das Gitter kletterte, fiel er hin und sah rund zwanzig Mann, die ihm befahlen, ihnen Luc zu bringen. Als er noch etwas sagen wollte, hieß es nur: „Halt dein Maul!"

Im Klosterinnern war die Bande schließlich nervös geworden. „Wo du uns hinführst, sind nur Türen", schimpfte der Anführer. Am Ende des Ganges befand sich das Zimmer des Priors. „Wer ist da?", hatte dieser auf das Klopfen hin geantwortet. „Einen Moment, ich ziehe mich an und komme." Dann rissen die GIA-Leute die Türe auf, verlangten den Doktor zu sehen, schnitten das Telefonkabel durch und durchwühlten die Zelle. Anschließend nahmen sie Luc fest. Der Chef der Bande ordnete an, die Pforten notfalls mit dem Brecheisen zu öffnen. „Sind es die sieben?", fragte er im Tumult. Der Wächter entgegnete: „Ja, so ist es". Sie wussten nicht, dass es neun waren. Auf diese Weise wurden Jean-Pierre und Amédée gerettet.

Stundenbuch ~ Notre-Dame de l'Atlas
26. Juli 2011

7:15 Uhr: Die Fürbitten von Jean-Pierre haben immer einen sonderbaren Klang: persönliche Anliegen und der Geist der Weltkirche; das Hier und Heute und jene Zeit, als die Brüder sterben mussten. Feine Gesten, die Atmosphäre des Klosters: in der Welt, doch nicht von der Welt.

8:30 Uhr: Der junge Gärtner Godefroid hat mir ein Tütchen mit Samen der Nachtschönen vor die Zellentür gelegt. Das ist die Art des Schweigsamen, ein Zeichen der Verbundenheit zu geben. Im Herbst wird er in Aiguebelle zum Priester geweiht. Wenn sich nächstes Jahr in meinem Garten die rosaroten Blüten öffnen, werde ich an ihn denken.

Ernst Jünger, der große Verehrer subtiler Fauna und Flora, rühmt ihren Glanz. Innere Schönheit als Enthüllung, „selbst in Totenmasken leuchtet sie noch durch". Bei Pascal, Goethe und Guardini hat es mich berührt, der Tod verliert seinen Schrecken. Anders die mumifizierten Unverwesten. „Was sucht ihr den Lebenden im Reich des Todes?"

Ich hatte Jüngers Buch als Ablenkung mitgenommen. Welcher Irrtum. Manchmal haben seine Bemerkungen einen prophetischen Klang. Jedenfalls schenkt er Durchblicke, für die unserer zeitgenössischen Literatur das Charisma fehlt. Jean-Pierre sucht nicht den „prophetischen Klang", sondern die Nähe der Propheten.

9:15 Uhr: Mein Bett. In den Pausen Ort der Meditation und der Träume. Geschichten aus dem alten, erkalteten Europa schließe ich aus.

9:30 Uhr: Uhr: Niemand achtet hier darauf, ob man die Gottesdienste besucht; manchmal sind die vier Mönche ganz unter sich. Die drei Spanier genießen diese Freiheit, doch sieht man sie manchmal allein den Rosenkranz beten.

Wenn es in der Ewigkeit einen Himmel gibt, wird er so blau, so morgendlich, so rein sein wie hier. Das Glück, in diesem Licht alle Zeit zu haben.

12:30 Uhr: Die kleine Spanierin hat eine große Paella vorbereitet. Ausnahmsweise gibt es Rotwein. Auch die Mönche sitzen mit am Tisch, das Schweigen ist aufgehoben. Jean-Pierre stößt mit mir an. Worauf? „Auf unseren Herzensfrieden." Er lächelt.

16:45 Uhr: Nach dem Tee langes Gespräch mit dem Prior. Mit leuchtenden Augen erzählt er die Kurzfassung seines Lebens. Stationen eines Trappisten zwischen Frankreich und Afrika. Als er sich 1996 nach neun Jahren Kamerun als Einsiedler in die Alpen der Provence zurückzieht, erfährt er vom Drama in Tibhirine. Sein Entschluss steht; er wird dorthin aufbrechen. Doch lässt das Verhalten des algerischen Militärs nicht zu, dass sich eine neue Gemeinschaft bildet. Bald müssen die Pioniere den Ort ihrer Sehnsucht wieder verlassen. Es verschlägt ihn nach Fès, wo Jean-Pierre nun mit einigen Brüdern lebt. Das Haus am Rande der Altstadt, ein ehemaliges Hotel, ist für ein klösterliches Leben ungeeignet. Dann erzählt man ihnen von Midelt. Eine neue Geschichte nimmt ihren Anfang.

Omar zieht seine Sandalen aus und verschwindet in dem in eine Moschee umgewandelten Raum. Wir hören, wie er sein Nachmittagsgebet spricht. Mehrmals wirft er sich zu Boden. Der sonst so lustige Mann hat jetzt eine sehnsüchtige, ernsthafte Stimme. Nach zehn Minuten geht er wieder, ohne ein

Wort zu sagen, als stehe er unter dem Eindruck eines wichtigen Erlebnisses.

21:00 Uhr: Das Salve Regina zum Abschluss der Komplet hat für Jean-Pierre noch immer einen erschütternden Beigeschmack. Sie ist die Mutter seines Lebensgeheimnisses. Mehrmals hat sie ihn vor dem drohenden Tod gerettet: als fünfjähriges Kind, als ein Pferd bereits den Huf auf seine Brust gesetzt hatte und dann wieder zurückzog; 1943, als er vom Militärdienst freikam, während seine Einheit nach Stalingrad versetzt wurde; 1996 bei der Entführung in Tibhirine und auch ein Jahr später, als in Fès über ihm die Zimmerdecke einbrach und er unverletzt blieb. Jetzt verschwindet er durch den Türbogen und ich denke: Er hat etwas sehr Väterliches, man möchte bei ihm bleiben.

22:30 Uhr: Papst Benedikt XVI. schreibt ganz lapidar über das Großereignis Golgatha: „An einen gekreuzigten Messias hatte niemand gedacht.“ [3]

3 Benedikt XVI., Jesus von Nazareth, Zweiter Teil: Vom Einzug in Jerusalem bis zur Auferstehung, S. 270; © Libreria Editrice Vaticana, Città del Vaticano; © Verlag Herder GmbH, Freiburg im Breisgau 2011

Kapitel 10

Der Tag danach

Jean-Pierre erzählt, wie sein ebenfalls geretteter Mitbruder den Überfall erlebt hat: „Die Zelle von Amédée befand sich gegenüber der von Luc, neben dem großen Raum, in dem die Medikamente lagerten. Um die beiden nicht allein zu lassen, schlief Christian in seinem Büro in der Mitte des Ganges auf einer Matte. Als Amédée gegen ein Uhr aufwachte, weil er aus dem Nebenraum Geräusche vernahm, war sein erster Gedanke: „Es ist soweit, sie sind da“. Bei einem Blick durch das Schlüsselloch erkannte er zwei Gestalten. Eine durchsuchte die Medikamente, eine andere versuchte, seine Zellentüre zu öffnen. Da es nicht auf Anhieb gelang, ließ er davon ab. Auf diese Weise blieb Amédée von dem Überfall verschont.

Als er sich hinauswagte, sah er, dass Luc verschwunden war. Die Zelle war durchsucht worden, das Radio gestohlen, Kabel herausgerissen. Ebenso bei Christian, dessen Telefonleitung durchgeschnitten war. Als er zu den Zellen der Brüder im oberen Stockwerk hinaufstieg, bot sich ihm das gleiche Bild. Alles war leer und verwüstet. In der Verlängerung des Ganges befand sich das Zimmer von Thierry Becker, des Generalvikars von Oran, der ebenfalls Geräusche gehört hatte, jedoch glaubte, es handle sich um den erkrankten Célestin. Mohammed, der Wächter, der im Gang stand, gab ihm durch einen warnenden Blick ein Zeichen zu verschwinden. Es wurde ihm später als Komplizenschaft ausgelegt. Amédée und Becker mussten ihm vor Gericht zu Hilfe kommen.

Mohammed hatte gehört, dass nur Bruno, der eigentlich in Fès lebte und kurz vor der Abreise stand, gegen die Gefangennahme protestiert hatte: „Lasst mich in Frieden, ich bin nicht von hier.“ Da die GIA-Leute sieben Mönche gefangen hatten, ließ der Anführer diese Erklärung nicht gelten. Sie sollten sieben mitbringen; die Zahl stimmte.

Bereits in der Frühe nach der Laudes und dem Frühstück erschienen erste Nachbarn, meist Frauen. Ali, der Gärtner, hatte sich versteckt. Mohammed befand sich im Empfangsraum des Pförtners, schluchzend, den Kopf auf dem Tisch. Er glaubte, dass man seine Familie ermordet habe. Jean-Pierre, Amédée und Thierry Becker weckten alle Gäste sowie die Mitglieder des Ribât, damit diese sich sofort nach Algier in Sicherheit bringen konnten. Da alle Telefonverbindungen unterbrochen waren, fuhren Jean-Pierre und Becker ins Dorf und unterrichteten den dortigen Militärposten. Es war zwischen sieben und acht Uhr, die Offiziere waren noch nicht anwesend. Daraufhin fuhren sie nach Medea, wo sie vom Kommandanten empfangen wurden, der ihnen erst einen Kaffee anbot. Dann wurden Protokolle in französischer und arabischer Sprache verfasst. Den beiden wurde erlaubt, die Bischöfe Tessier und Claverie in Algier und Oran zu informieren. Die Nachricht verbreitete sich in Windeseile, erreichte bald Frankreich und somit die Eltern der Entführten.

Jean-Pierre war verwundert, dass kein Befehl erfolgt war, die Sicherheitskräfte zu alarmieren und eine sofortige Fahndung auszulösen. Als sie gegen elf Uhr zum Kloster zurückfuhren, waren auf der Anhöhe schon Techniker der Telefon- und Telegrafenämter mit Reparaturarbeiten beschäftigt. Schließlich tauchten Polizeibeamte im Kloster auf. Jean-Pierre, Amédée und der Gärtner wurden verhört, ein Ortstermin wurde vorgenommen und die geplünderten Zellen fotografiert. Den ganzen Tag über klingelte das Telefon. Der Generalvikar kümmerte sich um die Küche, in der er auf dem Herd einen großen Kessel mit dreißig Litern roten Bohnen entdeckte, den Luc kurz vor der Entführung vorbereitet hatte.

Am Nachmittag wurde das Nötigste – Bettwäsche und persönliche Sachen – in Militärlastwagen geladen. Um sich Respekt zu verschaffen, richteten die Soldaten ihre Maschinengewehre auf die gesamte Klosteranlage; es herrschte weiter Alarmbereitschaft. Die beiden Brüder und Becker wollten in Medea im Pfarrhaus übernachten, doch wurde ihnen dies nicht gestattet. In einem Hotel hatte man zwei Zimmer für sie reserviert. Hier beteten sie auch zur Nacht die Komplet. Vor der Tür stand ein Wachposten, das Maschinengewehr im Anschlag.

Jean-Pierre und Amédée wollten am nächsten Tag ins Kloster zurückkehren und dort bleiben. Sie hofften noch immer auf eine rasche Befreiung, da die algerische und die französische Regierung gewiss alles unternehmen würden. Doch drängte das Militär darauf, sie nach Algier zu bringen. Die letzte Mahlzeit im Kloster bestand aus dem Rest der Bohnensuppe. Sie brauchten sie nur noch aufzuwärmen und sagten zu sich: „Luc hat für uns gekocht." Jean-Pierre packte die letzten wichtigen Dinge zusammen: Dokumente, Messgewänder, Kelche. Die Kapellentür wurde verbarrikadiert. Dann ging es mit hoher Geschwindigkeit Richtung Algier. An allen Kreuzungen stand Militär und gewährte Vorfahrt. Sie rasten, als ginge es um ihr Leben.

Zunächst wurden die beiden Brüder im bischöflichen Palais von Bischof Tessier untergebracht und wie Ehrengäste behandelt. Jean-Pierre hatte noch keine Zeit gehabt, sich mit der neuen Situation zu arrangieren. Ständig musste er Fragen beantworten, den Behörden zur Verfügung stehen, Entscheidungen treffen. Als er endlich zur Ruhe kam, hatte sich seine Meinung über die Entführung nicht geändert. Noch immer wähnte er die sieben in einer gewissen Sicherheit. Er hoffte auf ein baldiges Lebenszeichen und anschließende Verhandlungen. An Schlimmeres wagte er nicht zu denken; für ihn war es zu dieser Zeit, in der ihnen so viel geholfen wurde, eine Frage des Gottvertrauens. Außerdem war der stets gewandte Amédée an seiner Seite, den sie schon im Kloster als „Außenminister“ bezeichnet hatten und der ihn auch jetzt unablässig mit neuen Informationen versorgte.

Drei Tage nach dem Überfall zogen die beiden Brüder in die „Glycines“ genannte Bibliothek des bischöflichen Studentenheims. Es war ein großes viereckiges Gebäude mit einem Garten in der Mitte und glich einem Kloster. Die beiden lasen zusammen die Stundengebete. Abends übersetzte Amédée die Nachrichten des algerischen Fernsehens. Sie waren ständig auf dem Laufenden. Jean-Pierre: „Wir wussten mehr als die französische Presse.“ Doch nichts geschah. So trafen sie die Entscheidung, das Ende des Monats April abzuwarten; sollte es bis dahin keine neuen Nachrichten geben, würden sie zu ihrer kleinen Gemeinschaft nach Fès in Marokko umsiedeln, der auch ihr irrtümlich entführter Bruder Bruno angehörte.

Der argentinische Generalabt Bernardo Oliveira, der dem Kloster von Tibhirine stets seine Sympathie bekundet hatte, sandte ihnen für die Dauer von zehn Tagen einen persönlichen Berater, der ihnen nicht nur zur Seite stehen, sondern auch die notwendigen Kontakte zur Regierung aufnehmen sollte. Es war der Generalprokurator des Ordens, der Kanadier Armand Veilleux aus der belgischen Abtei Scourmont bei Chimay. Ihn verband viel mit der Gemeinschaft, nachdem er einige Monate zuvor, vom 12. bis zum 19. Januar 1996, in Tibhirine eine Regularvisite abgehalten hatte. Weltweit wird regelmäßig jedes Trappistenkloster besucht und in Gesprächen mit allen Mitgliedern die innere und äußere Lage vor Ort geklärt. Es ist ein väterlicher und administrativer Besuch zugleich, der alle zwei Jahre stattfindet.

Dom Veilleux hatte am 19. Januar 1996 der Gemeinschaft von Tibhirine seinen Abschlussbericht, die sogenannte „Carte de visite“, vorgetragen. Darin betonte er gleich zu Beginn, dass er „als Bruder zu Brüdern" gekommen sei und dass er es als Gnade empfände, sie zu diesem wichtigen Zeitpunkt zu besuchen: „Die Wurzeln im Boden Algeriens und seines Volkes sind tief." Er erinnerte an die dramatische Ermordung der zwölf Kroaten in Tamesguida, nur etwa vier Kilometer vom Kloster entfernt, sowie „an den Besuch der Brüder aus den Bergen" an Weihnachten 1993. Als ein Zeichen der Verbundenheit mit der algerischen Kirche wertete er den Besuch des Bischofs Henri Tessier, der einen Tag an der Visite teilnahm. Die bedrohte Gemeinschaft, die sich im Gebet und Dialog entschlossen hatte, zu bleiben, erlebte einen der besten Momente ihrer Geschichte.

Jean-Pierre schätzte besonders, dass Dom Veilleux bei seinem Besuch eine unpathetische Sicht des Heroismus vertrat. Heldenmut bestehe nicht darin, außergewöhnliche Taten zu vollbringen, sondern weiter die ganz einfachen Dinge zu tun, selbst dann, wenn sich die Bedingungen verändert hätten und mit der Möglichkeit tragischer Folgen gerechnet werden müsse. „Ich glaube nicht, dass jemand von euch einen gewalttätigen Tod herbeiwünscht", hatte der Visitator gesagt, „doch ich glaube auch, dass ihr ihn alle als eine mögliche Konsequenz eurer Entscheidung akzeptiert. Diese Gelassenheit schenkt euch den wahren Frieden."

Die neun Brüder hörten sich den Bericht ihres Besuchers in großem Stillschweigen an. Hier ging es nicht um die Bewertung eines offiziellen Prüfers, sondern um eine ernsthafte Bestätigung ihrer Lebensentscheidung. Dom Veilleux erwies sich in diesen Stunden als echter Freund. Zwei Monate vor dem entscheidenden Überfall las sich sein Text wie eine Laudatio auf ihr risikoreiches Leben: dem Orden und seinen Regeln gehorsam, an einem entlegenen Standort, in großer Gefahr. Bereits anlässlich eines Gesprächs zwischen dem Generalabt Bernardo Oliveiro und dem Prior von Tibhirine hatte der Obere im März 1994 auf die entscheidende Frage „Bleiben oder gehen?" geantwortet: „Der Orden braucht eher Mönche als Märtyrer."

Nach einer kleinen Pause hatte Christian gelächelt und gesagt: „Beides ist nicht unvereinbar ..." Spätestens nach dem Besuch von Dom Veilleux waren die Dinge klargestellt. Die Brüder waren sich einig zu bleiben; der Orden wusste Bescheid: Das Unaufhaltsame nahm seinen Lauf.

Am 30. April 1996, fünf Wochen nach der Entführung, rief der Bischof von Algier, Monsignore Tessier, eine kleine Gruppe zusammen, um über die Zukunft von Tibhirine zu entscheiden. Anwesend waren neben den Brüdern Jean-Pierre und Amédée der Generalvikar Thierry Becker, der Eremit Robert aus der Nachbarschaft des Klosters, der Pfarrer Nicolas aus Medea sowie der Hauswächter. Alle einigten sich darauf, dass Amédée in Algier bleiben solle, um gemäß der Erlaubnis des Präfekten alle zehn Tage die Lage im Kloster zu überprüfen. Amédée eignete sich besonders für diese Aufgabe. Er hatte die algerische Staatsbürgerschaft, sprach Arabisch und kannte alle Nachbarn.

Jean-Pierre sollte sich um die kleine Gemeinschaft in Fès kümmern, die seit zwei Monaten ohne Prior war, nachdem Bruno zusammen mit den anderen sechs Mönchen entführt worden war. Er spürte, dass eine neue Aufgabe auf ihn zukam, die ihn noch zögern ließ. Als er sich in Algier verabschiedete, war ihm klar: „Ich werde dieses Land nie mehr wiedersehen."

Einige Tage zuvor war der französischen Botschaft vom Geheimdienst eine Tonbandaufzeichnung mit einer Nachricht der sieben Entführten zugespielt worden. Bischof Tessier erkannte sofort die Stimmen der Brüder. Als Erster sprach Christian: „Heute ist der zwanzigste April. Es ist elf Uhr vormittags. Ich bin Bruder Christian, der Sohn von Monique und Guy de Chergé, ich bin neunundfünfzig Jahre alt, Mönch des Klosters in Tibhirine und Prior der Gemeinschaft. Wir informieren Sie darüber, dass wir Geiseln von Mudschahedin sind, der Jamaa Islamiya. Wir leben und sind bei guter Gesundheit."

Es folgten die Stimmen der übrigen Mönche, die den gleichen Text wiederholten. Nur Luc wagte zu protestieren: „Was ist das für ein Zeug, das ich da vorlesen soll?“ Schließlich hörte man noch einmal die Stimme von Christian, der an die Forderung der Entführer nach der Freilassung von Gefangenen erinnerte: „... andernfalls werden wir nicht zurückkehren.“

Stundenbuch ~ Notre-Dame-de-l'Atlas
27. Juli 2011

6:30 Uhr: Nur wenige Stunden geschlafen, lange Lektüre über die Geschichte der nordafrikanischen Kirche. Über ihre frühen Helden Tertullian, Cyprian und Augustinus. Dann Völkerwanderungen, Invasionen, Gemetzel, Glaubenskriege. Die Kirche immer auf dem Rückzug. Die vier Mönche von Midelt gehören zu ihrem „kleinen Rest“. Jean-Pierre verkörpert ihre Demut und Güte. Die Nacht über war Musik und Tanz, fröhlicher Jubel von Frauen zu vernehmen. Vor Anbruch des Ramadans wollen offenbar viele noch heiraten.

9:30 Uhr: Im Garten unter dem Maulbeerbaum mit Viola, einer mit einem marokkanischen Zahnarzt verheirateten Schwedin, beide katholisch. Sonderbar, wenn eine schöne Frau so leidenschaftlich von Christus spricht. Jean-Pierre ist ihr geistlicher Vater.

10:15 Uhr: Baha, die liebe Köchin, gibt stets zur Antwort: „Bismillah – im Namen Gottes.“ Es erinnert Jean-Pierre an den Schlachtruf der in den Krieg ziehenden Jeanne d'Arc. Er sagt, es sei ihr „Jesusgebet“, so wie es auf dem Heiligen Berg Athos gebetet wird, es heilige den Tag.

11:00 Uhr: Um den tatsächlichen Ablauf der Entführungsnacht in Tibhirine zu verdeutlichen, zeichnet Jean-Pierre mit dem Finger auf der Tischdecke mit marokkanischen Motiven. Er setzt voraus, dass ich mich noch an meinen Aufenthalt vor dreißig Jahren erinnere, und führt mich über Korridore, durch Anbauten, Gärten und Pforten hin und her. Auf der Decke bleibt eine faltenreiche Landschaft von Zeit und Raum zurück.

14:15 Uhr: Ich liebe meinen kleinen Schreibtisch. Er verhindert, dass meine chronische Unordnung ausufert. Das auch vom Gewicht her schwerste Buch: Christians Ansprachen aus den Jahren 1986–1996. Sein letztes Kapitel handelt vom „Charisma des Martyriums".

18:40 Uhr: Vor der Vesper Nachdenken über Jean-Pierre und seine Befürchtung, er könne in seiner Gutgläubigkeit die Entführung in der Nacht vom 26. auf den 27. März 1996 „verpasst" haben. Er hatte sich sogar wieder schlafen gelegt. Sitzt man ihm hier gegenüber, kann man das besser verstehen. Er verkörpert eine Demut und einen Glauben an das Gute, die die Spielregeln des normalen Zusammenseins etwas durcheinanderbringen. Doch ist nicht er der Narr, sondern die anderen.

Godefroid schleppt den schweren Schlauch in den Garten. Mit seiner großen, hageren Gestalt, dem roten Schädel und der strengen Verschwiegenheit könnte er zur ersten Generation der Pioniere von Cîteaux gehören. Asketisches Ora et labora.

19:10 Uhr: Nach der Vesper unter den Kiefern, Jean-Pierre las die Fürbitte: „Für das jüdische Volk, dass es seinem Bund treu bleibt und eines Tages das Licht Jesus Christus erkennt." In einem islamischen Land nicht ungefährlich.

21:30 Uhr: In der Zisterzienser-Zeitschrift die Nachrufe auf die Trappisten André Louf und Charles Dumont. Kurz vor seinem Tod hat P. André ausgerufen: „Christus – Christus – Christus." Mein väterlicher Freund P. Charles starb in der Heiligen Nacht 2010 nach der Mitternachtsmesse. Seine Briefe, seine Gedichte haben jetzt ihren ureigenen Klang gefunden.

Kapitel 11

Das Blut der Brüder

Am Morgen des 21. Mai 1996 wurde der Presse ein Kommuniqué des Emirs der GIA zugespielt. Dem Text gingen zwei Hadithe des Propheten und ein Vers des Korans über „den, der sein Versprechen nicht einhält" voraus. Das Dokument war authentisch; der Wortlaut ließ absolut keinen Zweifel an der brutalen Realität:

Am 27. März 1996 sind in der Region von Medea sieben französische Mönche entführt worden. Sie sind in die Berge gebracht worden, weit von den Abtrünnigen entfernt, denen es nicht gelungen ist, sie zu finden und die sie nicht einmal gesucht haben.

Am 18. April 1996 haben wir ein Kommuniqué verschickt, um die Entführung durch uns bekannt zu geben. In demselben Kommuniqué haben wir uns an den französischen Präsidenten gewandt, um ihn zu informieren, dass die Mönche lebend und wir bereit seien, sie gegen die Gefangenen auszutauschen, darunter der Bruder von Abdelhak Layada. Somit haben wir klargestellt, dass, wenn sie ihre Gefangenen freilassen, wir dies ebenfalls mit den Geiseln tun. Im gegenteiligen Falle würden wir Letzteren die Kehle durchschneiden.

Am 30. April 1996 haben wir einen Unterhändler zur französischen Botschaft entsandt. Dieser hat dort abgegeben:
· eine Audiokassette, die bewies, dass die Mönche weiterhin am Leben sind;
· eine geschriebene Botschaft, in der wir die Verhandlungsmodalitäten festgelegt haben, für den Fall, dass sie ihre Gefangenen tatsächlich lebend zurückbekommen wollen.

Zunächst haben sie uns in einer unterzeichneten und abgestempelten Botschaft eine positive Antwort zugeschickt.

Zu diesem Zeitpunkt dachten wir, dass ihnen wahrhaftig etwas daran gelegen war, die sieben Mönche gesund und unverletzt zurückzuerhalten.

Einige Tage später haben der französische Präsident und sein Außenminister jedoch angekündigt, dass es weder Dialog noch Verhandlung mit der GIA geben werde.

Somit haben sie den Kontakt abgebrochen und wir haben daraufhin die sieben Mönche enthauptet. Damit haben wir unsere Drohungen wahr gemacht, so wie wir uns gegenüber Gott verpflichtet hatten.

Gelobt sei Gott.
Dies wurde ausgeführt am Morgen des Mittwoch, den 21.
(Es folgen die 29. Sure des Korans und ein Hadith des Propheten)

21. Mai 1996
Der Emir der GIA (mit dem Stempel der GIA)

Obwohl die schreckliche Nachricht und die Art und Weise, mit der das Massaker mit religiösen Beweggründen gerechtfertigt wird, über Eilmeldungen der Nachrichtenagenturen weltweit verbreitet wurde, war Jean-Pierre in Fès in den ersten Stunden nach der Veröffentlichung noch ahnungslos. Es kursierten widersprüchliche Informationen. Dann gab es einen Anruf des Bischofs von Tanger, der um Informationen bat. Schließlich kehrte einer der Brüder von Einkäufen in der Stadt zurück und brachte Gerüchte mit.

Im ehemaligen „Hotel Bellevue“, in dem die Trappisten-Gemeinschaft in der Altstadt von Fès so gut es eben ging lebte, klingelte den ganzen Tag das Telefon. Doch Jean-Pierre und die anderen hatten nicht nur eine äußere, sondern auch eine innere Emigration angetreten. Eine Mischung aus Schock und Fügung. Warum war das zugleich Undenkbare und Absehbare eingetreten? Auf der einen Seite hielt sie das Entsetzen über einen schrecklichen Tod und das vergossene Blut der Brüder in Atem, auf der anderen gab es schon einen ersten Schimmer österlichen Staunens.

Dennoch kam es zu einer dramatischen Szene, als während der Vesper der jüngste Mönch eintrat und sich schluchzend vor dem Altar auf den Boden warf: „Die Brüder sind getötet worden." Jean-Pierre beobachtete ihn mit jener ihm eigenen sonderbaren Ruhe. So reagiert er immer wieder: Das Ereignis macht ihn zwar betroffen, doch er lässt dennoch dessen Folgen nicht an sich heran. Er weiß, es wird ihn nicht umhauen. Denn es gibt tiefere Schichten einer anderen Ergriffenheit. Man muss ihr nur etwas Zeit lassen.

So nahm er an jenem Abend beim Spülen den erschütterten Bruder in seine Arme und sagte: „Sei nicht traurig. Was hier geschieht, ist etwas sehr Großes. Wir müssen mit dem Ereignis auf einer Höhe sein." Es war eine entscheidende Situation in seinem Leben und auch im Leben der Trappisten der „Lieben Frau vom Atlas". Die Brüder waren für ihren Glauben in den Tod gegangen. Die liturgische Farbe der Messgewänder bei der Abschiedsmesse durfte jetzt nicht violett, sondern sie musste rot sein. Rot. Die Farbe des Martyriums.

Kurioserweise erinnerte Jean-Pierre sich in dieser Stunde auch an Cyprian, einen der frühchristlichen afrikanischen Märtyrer. Cyprian, dessen Henker zitterte, als er das Beil hob; dessen Blut unmittelbar nach der Hinrichtung mit Tüchern aufgesammelt wurde, um als Reliquie zu dienen, und für den nach einer Kerzenprozession ein nächtliches Fest gefeiert wurde. Der Todestag endet in einer Liturgie.

Selten habe ich Jean-Pierre während unserer langen Gespräche so leise, so eindringlich reden hören: „Für mich waren sie schon Märtyrer. Ich liebe diese innere Freude, die von anderswo her kommt.“

Jean-Pierre kehrte zu den Beisetzungsfeierlichkeiten noch einmal nach Algier zurück. Tausend Kilometer durch das glühend heiße Nordafrika. Die Dramatik der Ereignisse nahm kein Ende. Sechs Tage nach dem Tod der Mönche, am 27. Mai, starb in Algier der betagte Kardinal Léon-Etienne Duval, den die Aufregungen um Tibhirine zutiefst erschüttert hatten. Weit über Algerien hinaus wurde dieser Tod als Schock empfunden. Duval hatte sich bereits 1956 für das Selbstbestimmungsrecht des algerischen Volkes ausgesprochen. Als er für die Begnadigung von Terroristen eintrat, nannten ihn die Franzosen spöttisch „Mohamed Ben Duval“. 1966 erhielt er, ohne je den entsprechenden Antrag gestellt zu haben, als Anerkennung der Regierung die algerische Staatsangehörigkeit. Als französischer Kardinal außerhalb Frankreichs genoss er während des Konzils und in dem nachfolgenden Konklave großes Ansehen.

Duvals Beziehungen zu den Mönchen von Tibhirine waren nicht nur herzlich, sondern freundschaftlich. Er liebte diesen christlichen Vorposten, der keine Missionierung der moslemischen Nachbarn anstrebte, sondern ihnen half und zugleich der algerischen Kirche einen spirituellen Rückhalt bot. Jean-Pierre hat sich seine Besuche im Kloster sehr zu Herzen genommen und die Erinnerung bewahrt. „Er liebte uns“, sagt er. Die Mönche wussten es zu schätzen, dass der hagere, mutige Mann auch in der Existenzfrage auf ihrer Seite stand: „Er, der Herr, bleibt hier usque in aeternum – bis in alle Ewigkeit“, ermutigte er sie.

Doch damit nahmen die erschütternden Ereignisse noch kein Ende. Als Jean-Pierre nach seiner Unterbringung im Bistumshaus den Prokurator des Trappistenordens, Dom Armand Veilleux, wiedertraf, teilte ihm dieser in seiner kühlen kanadischen Art mit: „Man hat die Brüder gefunden, aber nur noch ihre Köpfe." Zusammen mit dem Botschafter, dem Generalkonsul, Bischof Tessier, Generalabt Dom Bernardo Oliveira und Bruder Amédée begab Jean-Pierre sich am Vormittag in das Militärhospital Ain Naadja in Algier, um die Särge der sieben Brüder in Empfang zu nehmen. Doch dieser Besuch war nicht nur eine fromme Geste; es bestand Grund zum Misstrauen.

Aus Gründen der Pietät überredeten sie Amédée, das Leichenschauhaus nicht zu betreten; sie wollten ihm den schrecklichen Anblick ersparen. Er nahm vor der Tür Platz und sprach das Stundengebet der Terz. Die Behörden hatten die Särge nebeneinander aufgestellt und bereits verschlossen; auf jedem lag eine Rose. Dom Bernardo bat den Oberst, die Sargdeckel zu öffnen. Er lehnte ab, sie seien schon versiegelt. Dom Bernardo bestand auf seiner Bitte, erhielt jedoch zur Antwort, das zuständige Personal habe das Hospital bereits verlassen. Dennoch blieb der argentinische Abt unerschütterlich. Er kannte die Praxis südamerikanischer Drogenbosse, die Öffentlichkeit mit leeren Särgen zu täuschen. Gegenüber dem Oberst gab er jedoch vor, es sei unerlässlich, dass er sich offiziell von dem Tod der Mönche vergewissere, da er für die Benachrichtigung der Familien zuständig sei. Erst jetzt wurde die Öffnung der Särge angeordnet.

Der Generalabt und sein Prokurator schreckten zurück, denn auf dem Filztuch der Särge befanden sich tatsächlich jeweils nur die Köpfe der sieben Mönche. Christian und Luc waren noch zu erkennen. Ein Arzt der französischen Botschaft wurde hinzugezogen, der die Leichen identifizierte und den Totenschein ausstellte. Seiner Meinung nach waren die Köpfe bereits vor zehn Tagen beerdigt worden. Dom Olivera erinnert sich an die makabere Situation: „Wir haben unwillkürlich an Johannes den Täufer denken müssen.

Es war erschütternd. Innerhalb von nur zwanzig Minuten war alles vorbei."

Nach dem Tod von Kardinal Duval war klar, dass seine Beerdigung zusammen mit der der sieben Trappisten stattfinden sollte. Bischof Tessier erklärte, dass für die Trauerfeier die Kirche „Notre-Dame de l'Afrique" der richtige Ort sei. Der Kardinal hatte dieses Gotteshaus geliebt, es war ein Pilgerort und gerade mithilfe der algerischen Regierung renoviert worden. Jean-Pierre bezeichnet diesen Kontext als „eine sehr schöne Geschichte". Sie war voller Symbolkraft. Christen und Moslems fanden im Angesicht des Todes vor einer Marienkirche wieder zusammen.

Unzählige Priester standen in roten Talaren um den Altar herum. Papst Johannes Paul II. hatte Kardinal Arinze als seinen Legaten nach Algier geschickt. Neben ihm stand der Pariser Erzbischof Kardinal Lustiger. Zahlreiche hohe Repräsentanten des algerischen Staates waren ebenfalls anwesend. Jean-Pierre trug ein Gewand, das eine Nachbarin aus Tibhirine für ihn angefertigt hatte. Er sagt, er sei selten so gerührt gewesen. Die Familien der Toten standen vor den Särgen, auf denen sich ihre Fotos befanden. Es waren Porträts der Freude und Lebenszuversicht: sieben strahlende Gesichter.

Kurioserweise gab es im Vorfeld wegen der Beerdigung erneut Meinungsverschiedenheiten zwischen der Kirche und den Vertretern der Regierung. Letztere wollten die Toten auf dem christlichen Friedhof von Algier beisetzen, dennoch bestand Dom Oliveira darauf, dass dafür nur das Kloster Tibhirine infrage komme. Der Generalabt trat in diesen Stunden mit großer Autorität auf. Er war durch den Vorfall bei der Identifizierung gewarnt; seine Skepsis stieg von Stunde zu Stunde. Andererseits waren die Behörden bemüht, von diesen Vorgängen hinter den Kulissen nichts an die Öffentlichkeit dringen zu lassen.

Aus Angst vor Anschlägen auf den Trauerkonvoi wurde angeordnet, dass für die Überführung ein Armeeflugzeug eingesetzt werden sollte. Nicht mehr als 13 Passagiere durften an Bord gehen. Darunter befanden sich der Bischof von Algier, der Generalabt und der Prokurator, der französische Botschafter, Familienangehörige von Christophe sowie die beiden Überlebenden Jean-Pierre und Amédée. Amédée betete während des Fluges in sich versunken den Rosenkranz. Nach der Landung in Ain-Oussera fuhr die Autokolonne unter Polizeischutz und begleitet von einem Hubschrauber nach Medea und von dort aus zum Kloster, wo der Wali sie empfing.

Trotz aller Feierlichkeit musste Dom Oliveira beim Eintreffen der Leichenwagen erneut eingreifen, denn die Präfektur hatte als Einfahrt das dritte Portal unterhalb der Gebäude vorgesehen, das direkt zu dem auf dem Innenhof liegenden Friedhof führte. Der Generalabt, der sich hier sozusagen auf eigenem Boden befand, entschied jedoch, dass die Särge zunächst in die Kapelle getragen werden sollten. Die rund dreißig Feuerwehrleute, die sie trugen, mussten vor dem Eingang einige Zeit warten, denn die Tür war noch immer verbarrikadiert. Dann stellten sie die Särge im Halbrund vor dem Altar auf. Jean-Pierre hatte die Schwester von Christophe gebeten, die Lesung zu halten. Es war die „Geschichte vom guten Schächer", die Luc so geliebt hatte: „Heute noch wirst du mit mir im Paradies sein" (Lukas 23,39–43).

Vor den offenen Gräbern hatten sich befreundete Priester und viele Offizielle eingefunden. Alles war minutiös vorbereitet. Die Särge wurden nach dem Datum des Eintritts in den Orden aufgestellt und anschließend mit Seilen in die Erde hinabgesenkt, wie es bei den Trappisten üblich ist. Der Generalabt sprach die Abschiedsworte, dann folgten einige Ansprachen auf Arabisch. Jean-Pierre trat nach vorne und bedankte sich bei allen für Teilnahme und Beileidsbekundung. Entgegen dem Willen des Militärs waren auch die Nachbarn bei der Zeremonie anwesend. „Wir haben hier eine gewisse Verantwortung", betonte Jean-Pierre. So kam es ganz zum Schluss noch einmal zu einer ergreifenden Szene, die sein Herz tief berührt hat. Männer aus Tibhirine füllten die Gräber mit Erde, wobei sie nach moslemischem Brauch die Schaufeln durch ihre Reihen weitergaben. „Das ist eine Ehre", sagt Jean-Pierre. Als sich am Ende alle umarmten, blickte er plötzlich in die tränenerfüllten Augen des Sufi von Medea.

S

Stundenbuch ~ Notre-Dame de l'Atlas
28. Juli 2011

7:15 Uhr: Jean-Pierre sagt zu Beginn der Messe: „Jeden von uns umgibt ein Kristall, ganz in der Tiefe wartet Christus, unerreichbar für jede Sünde."

8:00 Uhr: Heute ist der dritte Todestag von Amédée, der 1996 zusammen mit Jean-Pierre von den Entführern verschont blieb. Er war italienisch-maltesischer Abstammung, in Algerien geboren, sprach er einen arabischen Dialekt. Mit seinem dunklen Teint und dem Spitzbärtchen glich er einem konvertierten Moslem. Damals bei meinem Aufenthalt in Tibhirine erklärte er lächelnd: „Ist das nicht ein herrlicher Ort, um ein Zisterzienser-Leben zu führen?"

Amédée hatte die besten Außenkontakte und eine besonders gute Nase für die Stimmung in der Nachbarschaft. Am Sonntag vor der Entführung sagte er zu Christian: „Ich spüre, es geht schief."

Jean-Pierre und er verstanden sich gut. Wenn Christian etwas zu akademische Ansprachen hielt, verständigten sich die beiden durch ein diskretes Augenzwinkern. 2008 entdeckten die Ärzte der Klinik von Montélimar bei ihm einen gutartigen Hirntumor, doch für eine Operation war er zu alt. Er verlor allmählich die Stimme und konnte zuletzt während der Eucharistie kaum noch sprechen. Er blieb in der Abtei Aiguebelle, seinem Ursprungskloster, und bereitete sich mit dem Rosenkranz auf den Tod vor. Pater Jacques-Emmanuel, der ihn in diesen schweren Stunden begleitete, berichtet, er sei nach einer ärztlichen Visite plötzlich ins Koma gefallen.

Jean-Pierre sagt nachdenklich: „Er wäre gern hier beerdigt worden, so viele Jahre hatte er mit den Moslems verbracht." Wie erlebt man als Mitbruder einen solchen Verlust? „Man ist traurig, wenn der Platz leer ist." Er hat sein Gebetbuch in Midelt vergessen und Jean-Pierre hat daraus das Bild einer Muttergottes-Ikone an sich genommen. Als er aufbrach, um sich in die Klinik nach Frankreich zu begeben, hat ihm Jean-Pierre an der Pforte gesagt: „Es ist Gott, der dich fährt, er ist ein sehr guter Chauffeur."

8:45 Uhr: Zeit für die Terz, „die dritte Stunde". Gastpater José-Luis, der nach dem Frühstück gern erzählt, steht automatisch auf und eilt zur Glocke. Seine innere Uhr ist auf das Stundengebet ausgerichtet. Sein ganzer Stolz: Er verpasst keines.

9:15 Uhr: Prudi, die kleine Andalusierin, ist heute nach der Vigil abgereist. Gestern Abend haben wir uns alle verabschiedet und sie umarmt. Ich sagte ihr, dass sie ein schönes Vorbild für das Beten sei. Immer präsent, selbst beim Nachtoffizium. Ihre hohe Stimme bei den Gesängen, auf dem Fußboden kniend während der Anbetung. Eine resolute Frau, die ihren neu entdeckten Glauben nicht mehr preisgeben will.

9:45 Uhr: Viola, die blonde Frau aus Casablanca, hat mir die Kapelle im ersten Stock des Gästehauses gezeigt. Ein Juwel, gerade genug Platz für ein Dutzend Besucher. Öffnet man das Schiebefenster hinter dem Gitter, steht in der Mauernische das Allerheiligste mit der in einem Silberkreuz leuchtenden Hostie. Ringsherum Kissen, auf der Ikone ein ernsthaft dreinblickender Christus. Auf dem Boden eine Gitarre, überall Teppiche. Man kann sich hinlegen und die ganze Nacht bleiben.

14:00 Uhr: Siesta mit offenen Augen. Der nächtliche Text über das spannende Leben von P. André Louf wirkt nach. Ich brauche das Vorbild starker Männer. Deshalb habe ich auch die beiden Bücher von Papst Benedikt und Ernst Jünger mitgeschleppt. Sie gehen an ihre Grenzen – der eine sanft, der andere todesmutig. Beide übrigens den Lärm mokanter Zeitkritik im Nacken.

21:30 Uhr: Draußen auf meiner kleinen Holzbank. Selten war der Sternenhimmel so tröstlich. Wir sind von der Herrlichkeit umgeben. Sie ist unerreichbare und doch ganz nahe Verheißung.

23:30 Uhr: Jean-Pierre hat mir das Buch des Straßburger Bonhoeffer-Übersetzers Raymond Mengus geschenkt: „Ein Zeichen auf dem Berge", die junge Geschichte des Klosters Midelt. Der Autor schreibt über die Mönche: „Sie scheinen die Mitte der Christenheit zu fragen: Und ihr, welche Schlüsse zieht ihr aus euren Überzeugungen?"

Kapitel 12

Sieben Köpfe

Am 4. Juni, dem Tag der Beisetzung der sieben Brüder auf dem Friedhof von Tibhirine, war die Furcht des Militärs vor einem weiteren Anschlag der GIA enorm. Auf den Dächern des Klosters, auf den Terrassen und vor den Pforten postierten sich Soldaten mit Waffen und Sprechfunkgeräten. Hubschrauber überflogen die Bergregion. Es waren permanente Überreaktionen. Die Obrigkeit wollte alles verhindern, was die verheerenden Nachrichten über „algerische Zustände" weiter verbreitete. „Algerien – das Syndrom der aufgeschlitzten Kehlen", so hieß es in der Weltpresse.

Ab sofort wurde die Sperrstunde für Besucher streng kontrolliert. Fragen über das weitere Vorgehen, die Jean-Pierre an den Präfekten richtete, blieben unbeantwortet. Er durfte zwar mit Amédée weitere Gegenstände in Sicherheit bringen, doch musste das Kloster um 16 Uhr verlassen werden. Die Rückkehr der beiden überlebenden Mönche nach Algier fand zunächst im Wagen über abgelegene Bergpisten statt, dann kletterten sie hastig in eine Militärmaschine, die sie zurück in die Hauptstadt brachte. Jean-Pierre und Amédée waren in den Tagen vor und nach der Beerdigung die bestbewachten Personen Algeriens.

Als die beiden am 5. Juni 1996 im Haus der Diözese Algier zu einem Gespräch mit Generalabt Oliveira zusammentrafen, um über die Zukunft des Atlas-Klosters zu sprechen, waren die Entscheidungen bereits gefallen. In treuem Gehorsam der Trappisten wurde dem auch nicht widersprochen. „Das Atlas-Kloster bleibt bestehen", sagte Dom Bernardo, „jedoch in Fès." Jean-Pierre wurde noch vor einer regulären

Wahl durch die Gemeinschaft als verantwortlicher Prior „ad nutum" ernannt, Amédée sollte von Algier aus als Generalverwalter des Klosters von Tibhirine seine Tätigkeit aufnehmen. Es waren klangvolle Titel; sie zeigten gegenüber den algerischen Bürokraten Wirkung. Später hatte der Generalabt noch eine persönliche Bitte: Jean-Pierre möge Porträts über seine sieben ermordeten Brüder schreiben. In diesen unruhigen Tagen dachte er bereits an das Bleibende.

Es war typisch für diesen asketischen Argentinier, aus einem tiefen Nachdenken heraus plötzlich zu handeln, meist resolut, manchmal emotional. Jean-Pierre hatte es bereits beim Aufbruch nach dem Couscous-Essen im Anschluss an die Beisetzung beobachtet. Oliveira ging noch einmal in den Kapitelraum und nahm ein kleines, aus Ästen geformtes Holzkreuz an sich. Es gehörte Jean-Pierre, der es von den Novizinnen des Klosters in Carpentras erhalten hatte. Ursprünglich hing es in seiner Zelle. Im Hubschrauber, der sie zurück nach Algier brachte, gab der Generalabt das Kreuz Claire de Chergé, der jüngsten Schwester von Christian, die es später wiederum an Jean-Pierre zurücksandte. In Ihrem Brief stand: „Ich liebe sie alle mit der Liebe, die ich für Christus habe."

Jean-Pierre fasste die Bitte von Dom Bernardo, die Porträts der sieben Brüder als bleibendes Dokument für den Orden und die Nachwelt zu schreiben, nicht nur als eine Ehre auf, sondern zugleich als persönliche Herausforderung. Es ging nicht um die strenge Chronologie des Trappistenordens; eine Wertung der Ereignisse wurde von ihm verlangt. Nicht nur die sieben „Köpfe" sollte er beschreiben, sondern das vermitteln, was er mit dem „inneren Gesicht" umschreibt. Die Schrift zeigt Jean-Pierre in der ungewohnten Rolle eines Autors, der, obwohl tief betroffen, seine Gefühle zurückstellt und um eine sensible Deutung der unterschiedlichen Persönlichkeiten bemüht ist. Der Text ist gleichermaßen eine Kunst der Annäherung, die über alle anderen Berichte in dieser Sache hinaus eine starke Authentizität vermittelt. Wichtig für spätere Untersuchungen über den Ablauf des Dramas ist bereits sein Hinweis in der kurzen, zusammenfassenden Einführung. Er beginnt damit, dass die Umstände der Entführung in der Nacht vom 26. März 1996 nie aufgeklärt wurden und jene 56 Tage der Gefangenschaft und des Todes noch von einem Mysterium umgeben sind. Und er selbst ist Teil dieses Geheimnisses: Weshalb die anderen, weshalb nicht er?

In seinem Text bezeichnet Jean Pierre den Prior des Kloster, Dom Christian de Chergé, als geistigen Vater eines spirituellen Weges, der die Gemeinschaft dazu geführt hat, klar zu sehen, für Versöhnung und Nächstenliebe einzutreten und dabei auch die Möglichkeit des Martyriums zu akzeptieren.

Christian stammte aus einer aristokratischen französischen Familie und hatte sieben Geschwister. Sein Vater war Offizier. Während des Zweiten Weltkrieges lebte die Familie drei Jahre in Algerien. Später leistete Christian während des Algerienkriegs dort ebenfalls als Offizier seinen Militärdienst ab und unterbrach dafür sein 1956 begonnenes Studium am Seminar der Karmeliten in Paris. Bereits seit seiner Kindheit stand für ihn fest, dass er später einmal Priester werden wollte.

Während des Algerienkriegs hatte Christian ein Schlüsselerlebnis: Sein moslemischer Freund Mohammed rettete ihm damals das Leben. Während eines gemeinsamen Spaziergangs wurde Christian von Rebellen angegriffen. Mohammed stellte sich zwischen seinen Freund und die auf ihn gerichteten Gewehrläufe und beteuerte, dass dieser Soldat ein guter Mensch sei. Die Rebellen zogen sich daraufhin zurück – doch am nächsten Tag wurde Mohammed in dem Dorf, in dem er mit seiner Frau und seinen zehn Kindern lebte, mit durchgeschnittener Kehle gefunden. Christian hat diesen wagemutigen

Einsatz, den sein Freund mit dem Leben bezahlte, später rückblickend als die größte Liebeserfahrung seines Lebens betrachtet. Jean-Pierre berichtet, zwischen dem jungen Franzosen und dem Algerier hätten so etwas wie „Blutsbande“ bestanden, die durch den Tod des moslemischen Bruders noch verstärkt wurden. Tibhirine war für Christian der Ort, an dem er diese Verbundenheit „ausleben“ und seine persönliche Betroffenheit mit der Berufung der Gemeinschaft vereinen konnte.

Folgenreich waren auch die Hochschul-Erfahrungen des Novizen Christian in den Jahren 1971 bis 1973 in Rom, wo er Arabisch und Islamologie studierte. Damals las er abwechselnd die Bibel und den Koran – in arabischer Sprache. Zusammen mit Claude Rault gründete er die Gruppe Ribât es-Salâm (Band des Friedens), mit dem Ziel, die gemeinsamen spirituellen Werte der beiden religiösen Traditionen zu entdecken und zu pflegen und sich somit „Hand in Hand Gott zu nähern“. Christian nannte es später „unter Gottes Blick leben“.

Jean-Pierre glaubt, dass ihn sein Wunsch, mit der „Seele des Islam“ in Berührung zu kommen und sich mit den Menschen, die ihn umgaben, darüber auszutauschen, weit geführt hat. Gewiss war es nicht seine Absicht, Moslem zu werden. Er war und blieb Christ – doch wollte er seinen islamischen Brüdern so nah wie möglich sein. „Er wollte mit ihnen zu Gott gehen“, stellt Jean-Pierre klar, „aber mit Jesus Christus.“ Er strebte keine „Bekehrung“ im wörtlichen Sinne an, sondern ein „Bewusstwerden Gottes“. Jean-Pierre verschweigt nicht, dass es dabei immer wieder zu Konflikten zwischen Christian und seinen Brüdern und natürlich auch seinen islamischen Gesprächspartnern gekommen ist. Trotzdem hielt ihn all dies nicht in seinen Bestrebungen auf. Auch nicht, als es später im algerischen Bürgerkrieg lebensgefährlich für ihn wurde. Wenn Prior Christian sprach, klang in seinen Worten oft eine Todesbereitschaft mit.

Jean-Pierres Porträt von **Luc**, dem Toubib genannten Arzt, lässt eine starke Sympathie für den legendärsten der Brüder vom Atlas erkennen. Als Dr. Dochier mit 37 Jahren Trappist wurde, hatte er schon als Stabsarzt im Marokko-Feldzug der französischen Armee gedient. Trotz seines akademischen Titels wollte er nur einfacher Konversbruder werden. Von 1943 bis 1945 war er Kriegsgefangener in Wuppertal; er nahm damals freiwillig den Platz eines Familienvaters ein. Schon 1959 wurde er zum ersten Mal für zwei Wochen als Geisel verschleppt. Er war am Tag der Entführung im Jahr 1996 bereits 82 Jahre alt und seit 50 Jahren in Algerien.

Jean-Pierre erwähnt zahlreiche Details, die diesen burschikosen Typ ausmachten. Wenn Konflikte in der Gemeinschaft drohten, war er es, der schlichtete. Vorzugsweise lief er in alten, abgetragenen Klamotten herum und trug durchlöcherte Strohschuhe. Er besuchte zwar täglich die Messe, doch selten die Stundengebete. Wegen seines Asthmas und der Hustenanfälle schlief er im Sitzen. Auf seinem Nachttisch fand Jean-Pierre nach der Entführung die „Nachfolge Christi" von Thomas von Kempen sowie das Buch „Müssen wir noch an die Auferstehung des Leibes glauben?". Luc war fasziniert von der Frage, was unmittelbar nach dem Eintreten des Todes geschieht. Die in seiner Schublade entdeckte Korrespondenz mit Arztkollegen zeugt von seinem tiefen Glaubensleben und seiner Liebe für das einfache „Jesusgebet" aus dem östlichen Mönchtum. Tausenden von kranken Menschen in Algerien hat er geholfen; sie nannten in Marabout (Heiliger). Jean-Pierre vergleicht ihn in seiner unkonventionellen Art mit dem hl. Philipp Neri, der nicht ernst genommen werden wollte.

Wenn Jean-Pierre anfängt, vom Toubib und seiner sonderbaren Kopfbedeckung zu erzählen, spürt man gleich eine sympathische Nähe. Er hegt noch heute für den Arzt in der Kluft der Armen eine brüderliche Verehrung. Vergleicht man die beiden, treffen zwei grundverschiedene Mönche aufeinander: Luc, der robuste, raue Eigenbrödler, der, wie ein alter Seemann, Edith Piafs „Non, je ne regrette rien" liebte und sich für sein Totenbett ein Glas Champagner wünschte, und dann Jean-Pierre, der treue, stille Freund, der die Dinge schmunzelnd aus kontemplativer Sicht betrachtet.

Christophe Lebreton, den jüngsten der Gemeinschaft, hat Jean-Pierre stets mit einer väterlichen Güte begleitet. Er gehörte nicht zu seiner Generation. Bei ihm war immer eine Spur von Revolte zu spüren, doch diese war meist nach innen gerichtet und half ihm, auf sensible Art dem Wesentlichen auf der Spur zu bleiben. Am Tag der Entführung war Christophe 56 Jahre alt, stand in der Mitte des Lebens. Reif und kreativ hatte er in dieser Gemeinschaft der Älteren eine ermutigende Präsenz. Jean-Pierre hat seinen Weg auf die ihm eigene Art beobachtet: manchmal sorgenvoll, meist begeistert. Bereits als 12-Jähriger war Christophe in das „Kleine Seminar" der Priesteranwärter eingetreten, das er jedoch als Abiturient wieder verließ, um Rechtswissenschaft zu studieren. Seinen Zivildienst leistete er in Algerien. Das war ein Vorzeichen. Nachdem er 1971 in die Trappistenabtei Tamié eingetreten war, folgte bereits im Noviziat sein Wechsel nach Tibhirine. Sechs Jahre später zog es ihn zurück in die Savoyer Alpen; 1990 endete die Odyssee des Suchenden wieder im Atlas-Kloster. Er nahm dort als Gärtner, Novizenmeister und Kantor seine mönchischen Aufgaben wahr. Im Garten arbeitete er eng mit den moslemischen Mitarbeitern zusammen. Im Laufe der Jahre hatte er zwar nur einen einzigen Novizen, der später auch wieder wegging, doch diesem hat er das Beste seiner selbst gegeben. In der Liturgie war er nach und nach um die Einführung von Texten in arabischer Sprache bemüht und führte für die Psalmen der Osternacht und der Weihnacht das Gitarrenspiel ein. Jean-Pierre berichtet, dass es nicht immer leicht war, wenn im Kapitel die verschiedenen Auffassungen über Reformen und

Inkulturation aufeinanderprallten und es der brüderlichen Geduld bedurfte, bis ein Kompromiss gefunden wurde, der alle zufriedenstellte. Der bäuerliche Müllersohn Jean-Pierre, der nie besonderen Wert auf intellektuelle Debatten gelegt hatte, betrachtete es aus einer nachdenklichen Distanz, wenn Christophe und Christian in solchen Situationen ihre Köpfe zusammensteckten und dem älteren Rest der Gemeinschaft immer einige Längen voraus waren. Manchmal war dies auch bei den Predigten von Christophe spürbar, der darin seinen existenziellen und zugleich poetischen Glauben zum Ausdruck brachte. „Es war nicht immer leicht, ihm zu folgen", erklärt Jean-Pierre lächelnd. Christophe, so erzählt er weiter, schrieb in der Stille des Skriptoriums seine Gedichte, die weder Reim noch Rhythmus kannten, jedoch immer wieder große Tiefe offenbarten. Das Gedicht „Der rote Traktor" hat ihn besonders beeindruckt, weil es mit einfachen, vertrauten Bildern aus seiner klösterlichen Gartenlandschaft das Gespaltensein zwischen Angst und Hoffnung vermittelt.

Zu einem Zwiespalt unter den Brüdern kam es auch nach dem ersten „Besuch" der GIA am Heiligabend 1993, als sich Christophe in einem Becken im Keller vor den Aufständischen versteckt hatte und sich später selbst der „Feigheit" bezichtigte, weil die anderen sich der Gefahr gestellt hatten. Jean-Pierre stand Christophe sehr nah und ließ seinen jüngsten Mitbruder in dieser Zeit nicht allein. „Diese Erfahrung hat ihn demütiger und liebevoller gemacht. Und er entwickelte die Bereitschaft, sich in Zukunft ähnlichen Abenteuern auszusetzen." Dies kommt auch in einer von Christophe komponierten Hymne für das „Offizium der Märtyrer" zum Ausdruck, die sich Jean-Pierre in aller Stille notiert hat:

„Jetzt ist die Stunde der wahren Anbetung;
Ein Feuer verzehrt sich in meiner tiefsten Tiefe:
Fortgehen zur Begegnung mit dem Kreuz.
Wer könnte dieses Feuer bezwingen?"

Jean-Pierre beschreibt seinen Mitbruder **Michel Fleury** als den großen Schweiger von Tibhirine. Einige hielten ihn sogar fast für einen Heiligen. Der ehemalige Fräser in einem Unternehmen in Marseille hatte in diesem Schmelztiegel der Kulturen bereits früh Kontakt mit Maghrebinern. Sein Eintritt in die Abtei Bellefontaine vollzog sich unauffällig; er liebte das Leben im Verborgenen. Jean-Pierre vermutet, dass für Michel der von Christian für einen Mitbruder (fr. Aubin) verfasste Totenzettel letztlich den Ausschlag für seine Entscheidung gab, nach Tibhirine zu wechseln. In dem Text, der alle zutiefst ergriff, ging es um den Sinn der Präsenz christlicher Mönche auf islamischem Boden – eine Präsenz, die Christian als die Krönung der persönlichen Hingabe beschrieb. Obwohl er der arabischen Sprache nicht kundig war, war Michel ein Kenner der islamischen Spiritualität und engagierter Teilnehmer an den regelmäßig stattfindenden dreitägigen Begegnungen des Ribât, aus denen er viele Anregungen und Impulse mitnahm.

In Tibhirine war Michel, der Effizienz und Ordnung liebte, in der Küche tätig. Kommunikation war laut Jean-Pierre keine seiner Stärken, aber im Kapitel erhob er immer wieder seine markante Stimme. Unvergessen bleibt für ihn jene Szene aus der Nacht vor Weihnachten 1993, als ein jugendlicher GIA-Kämpfer sie abführte und sie den Tod fürchten mussten: Michel folgte dem Kämpfer fügsam wie ein Lamm, ganz ergeben, ohne ein Wort zu sagen. Jean-Pierre glaubt, dass dies eine grundlegende innere Haltung war, die ihn später auch während der Gefangenschaft und bei der Hinrichtung begleitet haben muss.

Bruno Lemarchand ist unter den sieben Getöteten ein tragischer Sonderfall: Als Vorsteher der kleinen Gemeinschaft von Fès wollte er lediglich einige Tage in Tibhirine verweilen, um an der turnusmäßigen Wahl des Priors teilzunehmen. Am 18. März 1996 brach er in seiner resoluten Art in Fès auf, entschlossen und illusionslos, denn er wusste, wie gefährlich eine Reise von Marokko nach Algerien war. 24 Stunden später traf er in Tibhirine ein, in seinem Gepäck mehrere Tausend im Kloster von Fès hergestellte Hostien. Als es acht Tage später zu der Entführung kam, nahm das Terror-Kommando keine Rücksicht auf seine klösterliche Herkunft und verschleppte ihn ungeachtet seines Protestes. Jean-Pierre kannte ihn nur oberflächlich und war dennoch tief berührt vom Mord an ihm, denn er sollte später dessen Nachfolger in Fès werden. Deshalb bemühte er sich, mehr über den verschlossenen, etwas abweisend wirkenden Mönch zu erfahren. Die Unterlagen, die man bei den Aufräumarbeiten nach der Entführung in seiner von den Rebellen durchwühlten Zelle fand, boten jedoch nur geringfügige Hinweise. Es gab nur wenige Briefe, einige Tagebuchnotizen und einen Bericht über seine Kindheit, den er offenbar in seiner ersten Abtei Bellefontaine verfasst hatte. Ähnlich wie bei Christophe fiel auf, dass Bruno auf der Suche nach einem endgültigen klösterlichen Zuhause zwischen 1984 und 1989 zweimal zwischen Tibhirine und seinem Ursprungskloster hin- und hergependelt war.

Ebenso wie bei anderen Mitbrüdern spielte sein Militärdienst in Algerien für Bruno eine große Rolle bei seiner Berufung. Er fühlte sich mit den Armen solidarisch und hatte einen Hang zur arabischen Sprache. Seinen strengen Charakter führt Jean-Pierre auf die Zeit als Lehrer am Saint-Charles-Kolleg von Thouars zurück. Doch er liebte Blumen und fühlte sich seinem marokkanischen Gärtner sehr verbunden. Beide erteilten sich gegenseitig Arabisch- bzw. Französischunterricht; Thami hat bitterlich geweint, als die

Todesnachricht in Fès die Runde machte. Jean-Pierre sagt über Bruno: „Er war eine einsame, in sich gekehrte Seele, die allein bei Gott sein wollte."

Célestin Ringeard trug einen kupfernen Reif an seinem linken Handgelenk, über dessen Herkunft und Bedeutung er jedoch nie ein Wort verlor. Es war sein Geheimnis. Jean-Pierre entdeckte in den unzähligen Briefen, die er in Célestins Nachlass fand, zwar keinen konkreten Hinweis, fand jedoch Spuren, die in ein soziales Randmilieu führten. Vor seinem Eintritt in die Abtei Bellefontaine im Jahr 1983 war der Priester als Sozialarbeiter tätig und kümmerte sich um Menschen, die auf der Straße leben – Alkoholiker, Drogensüchtige und Prostituierte. Er sorgte sich um sie, er hielt Kontakt mit ihnen, als wären es seine eigenen Kinder. Und er hatte sie so sehr in sein Herz geschlossen, dass er selbst als Mönch in gewisser Weise noch ihr Vater blieb. Viele aus seinem Umfeld stellten sich die Frage, wie solch ein strahlender und aktiver Mann Mönch in einem Schweigekloster werden konnte. Jean-Pierre hat die Frage für sich beantwortet: Es war der Freitod eines Homosexuellen, der Célestin eines Nachts mit der Bitte um Hilfe anrief, dann aber bei seiner Ankunft aus dem Fenster sprang – direkt vor seine Füße.

Den Scheiternden gehörte sein Leben, so wie sich auch Jesus unter Schmährufen mit Banditen, Zöllnern und Dirnen abgab. Jean-Pierre verschweigt nicht, dass dieses Engagement in der Korrespondenz und in den Fürbitten von Célestin einen Umfang annahm, der die Gemeinschaft beunruhigte. Schließlich stimmte sie zu, ihm diese besondere und seltene Art mönchischer Seelsorge zu lassen.

Der Abenteurer Célestin hatte 1957 ein ähnlich schockierendes Erlebnis wie einige Jahre später der junge Soldat Christian de Chergé im bürgerkriegsgeschüttelten Algier. Célestin, der damals Sanitäter in der französischen Armee war, warf sich in letzter Minute zwischen einen befreundeten Untergrundkämpfer der FLN und Militärs, die diesen töten wollten. Der Untergrundkämpfer war bereits mehrfach von Maschinengewehrsalven in den Bauch getroffen worden, doch Célestin konnte ihn noch retten. Was der kupferne Armreif bedeutete, verriet er jedoch bis zum Ende niemandem; am 21. Mai 1996 nahm er ihn mit in den Tod.

Für **Paul Favre-Miville** empfand Jean-Pierre eine besondere Zuneigung. Beide entstammten dem ländlichen Milieu kleiner Geschäftsleute und Handwerker, beide liebten das Klima noch ungestörten Glaubens, ein Christentum, das ganz auf die Arbeit und das Pfarrleben konzentriert war. Schließlich erfuhren beide in dieser heilen Welt ihren Ruf zum Dienst Gottes. Als Paul 1989 von Tamié nach Tibhirine wechselte, schloss er gleich mit allen Freundschaft. Es war nicht zu übersehen, dass er eine echte Frohnatur war. Die technischen Kenntnisse, die der Sohn eines Schmieds und gelernte Klempner mitbrachte, erwiesen sich in Garten, Hof, Haus und bei den Nachbarn als unverzichtbar. Selbst ein Elektroingenieur aus Medea bat um seine Hilfe. Jean-Pierre mochte seinen Bruder jedoch auch aus einem ganz anderen Grund: Der fröhliche Paul blieb jenen Kapitelversammlungen fern, von denen er vorausahnte, dass sie in kritische Diskussionen ausufern würden. Er hatte zwar seine eigene Meinung, tat sie jedoch aus Furcht vor Widerspruch nicht kund. Er brachte die Brüder lieber zum Lachen. Als man ihn an einem Krisentag fragte, wie es ihm gehe, entgegnete er grinsend: „Mein Kopf sitzt immer noch auf meinen Schultern."

Vom Islam glaubte er zwei Seiten zu kennen – eine spirituelle und eine kriegerische. Obwohl er die Gefahren in Tibhirine kannte, traf ihn der GIA-Überfall an Heiligabend 1993 schwer. Die Situation war für ihn so gravierend, dass der Prior ihn zu seiner kranken Mutter nach Savoyen schicken musste. Doch hier änderte sich – ähnlich wie bei Christophe, der sich damals beim ersten Überfall im Keller versteck hatte – seine Einstellung. Er wollte zurück; die Treue zu seinen Brüdern und zu den algerischen Freunden bedeutete ihm mehr als heimatliche Sicherheit. Und überhaupt: Wo war seine Heimat? Er nahm einige Schaufeln mit auf seine Reise nach Algerien. Einige Bekannte wunderten sich und er sagte lächelnd: „Damit wir unsere Gräber ausheben können." Als besonders tragisch empfand es Jean-Pierre, dass Paul erst am Vorabend der Entführung nach Tibhirine zurückkehrte. In einer Schrift der Gemeinschaft steht ein Satz, der für ihn, den Heimgekehrten, wie auch für Jean-Pierre, den Überlebenden, gilt:

„Wir haben das Gefühl, dass diese Prüfung uns alle verändert hat. Man nähert sich den Grenzen von Gewalt und Hoffnung nicht unbehelligt."

Die Portraitbilder der sieben Brüder malte ein moslemischer Freund der Gemeinschaft.

Stundenbuch ~ Notre-Dame-de-l'Atlas
29. Juli 2011

6:30 Uhr: In der Frühe, wenn die Sonne den Garten noch nicht erreicht hat, versteht man besser, was „Jungfräulichkeit" ist. Tau, zarte Nähe der Schönheit. Jeden Morgen neues Blau und Rot und Gelb. Zwischen der kleinsten Blüte und den schwarzen Bergen fließende Übergänge.

8:00 Uhr: Wir sind alle in Bahas Aprikosen-Marmelade verliebt. Sie strahlt uns mit ihren großen Kulleraugen an und legt die Hand aufs Herz.

8:45 Uhr: Viola, die Schwedin, hat die ganze Nacht auf ihren Mann gewartet. Er traf mit zwei Stunden Verspätung aus Casablanca ein und schläft noch. Sie hat das Heft mit ihren Malereien mitgebracht. Ihren erwartungsvollen Blick darf ich nicht enttäuschen und sage: „Darin steckt viel Liebe."

9:30 Uhr: Im Klostergarten Lektüre im Jesusbuch des Papstes. Man spürt von Seite zu Seite das Dilemma des ehemaligen Professors, seine theologische Bildung zu zähmen. Wenn es gelingt, schreibt er solche väterlichen Sätze wie: „... Christus selbst, als Person, ist der ‚Name' Gottes, Gottes Zugänglichkeit für uns." [4]

10:30 Uhr: Jean-Pierre hat mir noch ein Buch mitgebracht: Sheikh Khaled Bentounes' „Sufismus, das Herz des Islam". Wer soll das alles lesen, lieber alter Freund? Er lächelt barmherzig. „Nur ein paar Seiten."

Hedda schleppt auf ihrem Rücken ein riesiges Bündel Luzerne zum Schafstall. Eine archaische Szene, die Frau als Lastenträger.

15:15 Uhr: Auf dem Tisch am Eingang des Gästehauses liegt eine Zeitschrift mit Bildern von „Heiligen Bergen" aus. Erinnerungen an meine besten Klosterreisen. Sie führten alle ostwärts: die Skiti Prodromou auf dem Berg Athos, die Höhle des heiligen Johannes auf Patmos, die Einsiedelei von Makarios in der Wüste Ägyptens und jetzt hier, Midelt am Hohen Atlas. Alles Morgenlandfahrten.

17:30 Uhr: Viola hält in ihrem Glaubenseifer den Verzicht auf die Sonntagsmesse für eine „Todsünde". Jean-Pierre hat ihr geantwortet: „Sünde ist alles, was uns von Gott trennt. Doch niemand kann seiner Barmherzigkeit entkommen." Sie findet diese Aussage stark, will aber noch darüber nachdenken. Mein Dichterfreund, der Trappist Charles Dumont, sagte mit einem breiten Lächeln: „Wir sind schon gerettet, alles ist gelaufen."

18:45 Uhr: Jean-Pierre berichtet von einer Kapitelansprache von Christian in Tibhirine über den „Blick Jesu". Wie mag er gewesen sein, in solchen Schlüsselszenen wie nach dem Verrat von Petrus oder der Begegnung mit Judas bei der Gefangennahme? Künstler aller Jahrhunderte haben sich bemüht, den „Augen-Blick" des Herrn festzuhalten, doch selbst dem größten ist es nur in Ansätzen gelungen. Christian hat dazu gesagt, dass niemand die „Flugbahn" dieses Blickes zum Vater aufhalten kann. Jean-Pierre mit seiner Flüsterstimme: „Dieser Blick ist unwiderstehlich. Wer davon erfasst wird, gerät in den Zustand der Bekehrung."

19:15 Uhr: Seit Wochen ohne Fernseh- und Rundfunknachrichten, keine Zeitung. Die einzigen Nachrichtenquellen sind die Fürbitten in der Kapelle. Kurze Infos über den Anschlag in Oslo, über die Toten beim Absturz einer Militärmaschine in Marokko, über den Stand der Ernten. Sogar Regionalmeldungen: Gebet für einen bei einem Zusammenstoß in der Nähe von Midelt tödlich Verunglückten. Wir bitten dich, erhöre uns. Medien werden nicht vermisst. Nichts als kurze Hinweise, die Stille verdichtet alles.

20:00 Uhr: Frage, wer die Mörder der sieben Brüder waren. Die Untersuchungen sind noch immer im Gange. Jean-Pierre weiß nur, was innerhalb des Klosters geschehen ist. Doch hat der Wächter berichtet, dass einer der Entführer zu einem Begleiter sagte: „Los, hole ein Seil, er wird sehen, wer wir sind." Sie wollten ihn erdrosseln, doch ihm gelang die Flucht.

21:15 Uhr: Nach der Komplet: die beste Stunde des Tages. Die Steine sind noch heiß, aber mit der Temperatur sinkt auch die Anspannung. Hier kann man alles Westliche ablegen, den inneren Vergiftungen entkommen. Die moslemischen Nachbarn warten ungeduldig auf den Vollmond; bald beginnt der Fastenmonat Ramadan.

4 Benedikt XVI., Jesus von Nazareth, Zweiter Teil: Vom Einzug in Jerusalem bis zur Auferstehung, S. 110; © Libreria Editrice Vaticana, Città del Vaticano; © Verlag Herder GmbH, Freiburg im Breisgau 2011

Kapitel 13

Hotel Bellevue

Das Fest Mariä Heimsuchung hat für die Mönche „Unserer Lieben Frau vom Atlas" eine besondere Bedeutung. Wenn man die Texte liest, die von den beiden Oberen in Tibhirine und in Midelt dazu verfasst wurden, könnte man annehmen, es sei ein Patronatsfest. Die junge Maria bringt anlässlich der Begegnung mit ihrer Cousine Elisabet im Bergland von Judäa eine „Frohe Botschaft", doch hat diese auch eine Botschaft für sie. Die Mönche vom Atlas sehen sich auf einer ebenso einfühlsamen Mission: Sie bringen den Moslems ihren ehrlichen Glauben und empfangen von ihnen eine „Botschaft", die ebenfalls von Gott spricht. Christian schreibt: „Unsere Kirche sagt uns nicht und sie weiß auch nicht, welches das eigentliche Band zwischen unserer Botschaft und der der Moslems ist ... Ich gehe zu den Moslems, ohne es zu wissen ..."

Doch dann berichtet er in seiner Niederschrift von einer Begebenheit, die seinen betagten Bruder Jean-Pierre tief beeindruckt hat und diesen fortan durch sein Leben begleiten sollte. Zwischen dem Prior und einem moslemischen Freund entwickelte sich eine echte Verbundenheit, nachdem dieser ihn gebeten hatte, ihn das Beten zu lehren. Viele Jahre lang bestand ein reger spiritueller Austausch zwischen den beiden. Nachdem sie sich wegen anderweitiger Pflichten längere Zeit nicht hatten besuchen können, sagte der moslemische Freund: „Es wäre an der Zeit, noch einmal in unserem Brunnen zu graben." Er spielte damit auf den Tiefgang ihrer Begegnungen an.

Christian gab zurück: „Und was werden wir auf dem Grunde des Brunnens finden? Moslemisches oder christliches Wasser?"

Dann traf ihn ein Blick, in dem eine Mischung aus Lächeln und Kummer mitschwang: „Stellst du dir noch diese Frage? Du weißt doch, auf dem Grunde dieses Brunnens finden wir das Wasser Gottes."

Als Jean-Pierre 1997 anlässlich einer Tagung der Ordensoberinnen nach Lourdes eingeladen wurde, um dort die Heilige Messe in der Grotte zu feiern, wurde dies für ihn zu einem berührenden Erlebnis. Während hinter ihm das Quellwasser rauschte, sprach er in seiner Predigt in Erinnerung an die Worte von Christian über jenes Wasser. „Wenn wir gemeinsam unseren Brunnen graben, finden wir Gott." Er lächelt. Dies ist eine tiefgehende Theologie für jemanden wie ihn, der nicht Theologie studiert hat. „Ich werde es nie vergessen: ökumenische Theologie am heilenden Wasser der Muttergottes."

In den Monaten der Ungewissheit zwischen der Entführung und der Ermordung der sieben Brüder legte Jean-Pierre die 1.000 Kilometer lange Strecke von Fès nach Tibhirine zweimal zurück. Es galt, dort die Lage einzuschätzen, einen polnischen Novizen zu betreuen und administrative Dinge zu klären. Die Gemeinschaft in Marokko umfasste in Fès zwar nur drei bis vier Brüder, doch gehörte sie mit zum Kloster „Unsere Liebe Frau vom Atlas". Die Gründung in Marokko ging auf die Mönche von Tibhirine zurück und hatte für die christliche Kirche vor Ort als spirituelle Präsenz eine wichtige Bedeutung. Das kleine Kloster, in dem Jean-Pierre eine wichtige Rolle zu spielen hatte, war eine Gründung aus dem Jahr 1988. Zwei Jahre zuvor hatte der Erzbischof von Rabat, Hubert Michon, den Mönchen in Tibhirine einen Besuch abgestattet, um sich über deren Berufung zu informieren. Er war begeistert; solch eine Gemeinschaft wünschte er sich auch in Marokko: klein, bescheiden, von der Arbeit lebend, vorrangig den Christen einen Ort der Stille bietend und für die moslemischen Nachbarn da, ohne jede Missionierungsabsicht, nur im Zeichen der Gastfreundschaft.

Christian riet dem Erzbischof damals, sich an den Generalabt Ambrosius Southey sowie an den Vorsitzenden der Region Südwest-Frankreich, Dom Marie-Gérard, den Abt von La Trappe, zu wenden. Ihre Antwort: Dies sei nur als „Zweigstelle“ des Atlas-Klosters möglich, das zwei Mönche abstellen könnte; zwei oder drei andere würden aus französischen Klöstern kommen. Die Mehrheit des Kapitels von Tibhirine stimmte dem Vorschlag am 25. Mai 1987 zu. „Personell fiel die Entscheidung nicht leicht“, sagt Jean-Pierre, „doch konnten wir es den marokkanischen Christen nicht verweigern; es war ja auch unser Ideal.“

Doch wie sollte es weitergehen? Jean-Pierre vergleicht die Lage mit der in Algerien: „Das kleine Kloster stellte eine gewisse Herausforderung für den Orden dar. War seine Präsenz in einem überwiegend moslemischen Land, in dem kein ‚Nachwuchs‘ zu erwarten war, noch gerechtfertigt?“ Doch beantwortet er die Frage selbst: „Wir sind alle in diesen pfingstlichen Hauch eingehüllt, der leise aus dem zerbrochenen Gefäß von Tibhirine aufsteigt. Es ist ein Geheimnis, in das wir aufgenommen sind, ein Mysterium der Liebe, die von Gott kommt ...“

Das Gebäude, das für die Gemeinschaft in Fès gefunden wurde, bot gerade genug Platz für fünf Bewohner. Es war das ehemalige Hotel „Bellevue“, das die Gründerin der Kleinen Schwestern von Charles de Foucauld, Sr. Magdeleine, 1954 als Noviziat erworben hatte. Jean-Pierre beschreibt dieses Haus als einen Ort „für gemeinschaftlich lebende Einsiedler“. Es befand sich direkt hinter den Mauern der Altstadt aus dem 8. Jahrhundert am Tor Bab el Did in der Nähe der Medina, des Königspalastes und des Judenviertels. Es hatte einen leicht abfallenden Garten, in dem im Frühjahr wunderschöne Blumen blühten und in dem Zitronen- und Pampelmusenbäume sowie zwei große Palmen standen. Ein Platz mit einer Atmosphäre wie aus dem Leben des heiligen Franziskus.

Dennoch fielen Jean-Pierre gleich bei seinem ersten Besuch auch die Nachteile auf. Das dem Bistum gehörende Haus lag etwas isoliert und umtost vom Lärm an der Straße nach Algerien. Die Kontakte mit der Bevölkerung waren begrenzt. Abwässer verbreiteten einen üblen Geruch. Eine Decke war bereits eingestürzt, die Restaurierung zu teuer. Außer für die Produktion von Hostien gab es keinen Arbeitsplatz. Der diensttuende Prior Jean-Pierre sah keine Chancen für einen Ausbau und begab sich auf die Suche nach Alternativen.

Unterdessen wurde sein Einsatz als Überlebender aus Tibhirine von europäischen Medien und kirchlichen Institutionen gewürdigt. Zusammen mit den beiden grausam ermordeten Mädchen Julie und Mélissa ehrte ihn die belgische Tageszeitung „La Libre Belgique" in Vertretung seiner Brüder und des ebenfalls ermordeten Bischofs von Oran, Pierre Claverie, als „Persönlichkeiten des Jahres". Claverie, ein Pied-Noir, der mit der Befreiungsbewegung sympathisiert hatte und nach der Unabhängigkeit sofort die algerische Staatszugehörigkeit erhielt, war ein ehemaliger Dominikaner. Von den Moslems wurde er respektvoll „Sheikh Claverie" genannt. Nach einem Besuch in Tibhirine am 1. August 1996 kam er spätabends beim Betreten seiner Residenz bei der Explosion einer Bombe um. Er war sofort tot.

Der Festakt im königlichen Opernhaus La Monnaie in Brüssel beeindruckte Jean-Pierre tief. Junge Sänger traten auf, als Zeichen der Hoffnung wurde das Bild eines sich entfernenden Vogels gezeigt. Er war so ergriffen, dass er von seinem vorbereiteten Redetext abwich und auf der Grundlage der Regel von Benedikt von Nursia über das Vergeben sprach: „Wir können nicht an der Stelle anderer verzeihen. Der Ordensvater fordert von einem Abt, die Untugend zu hassen und die Brüder zu lieben ..." Diese Belgien-Reise blieb ihm in nachdrücklicher Erinnerung. Bei seinem Empfang in der Abtei Westmalle war Kardinal Godfried Danneels anwesend. Während einer Messe im Haus der San-Egidio-Gemeinschaft in Antwerpen hielt Jean-Pierre die Predigt. In der Abtei Rochefort wurde er eingeladen, der Wahl des neuen Abtes beizuwohnen. Gewählt wurde Dom Jacques-Emmanuel, der später zu ihnen nach Midelt wechselte. Nach den Besuchen in den Trappistinnen-Klöstern Nazareth und Soleimont reiste Jean-Pierre noch in die Ardennen-Abtei Orval.

Doch galt es für ihn, in Marokko eine neue Heimat zu finden. Auf der Suche nach einem geeigneten Klostergebäude stieß Jean-Pierre auf das Haus der ehemaligen Regierung von Meknes, das auf halber Strecke nach Rabat mitten in der Natur lag. Alles schien verheißungsvoll: Es gab ein Gasthaus, einen kleinen Bauernhof, genügend Zimmer; der Salon eignete sich als Kapelle. Auf dem acht Hektar großen Grundstück wuchsen Hunderte Olivenbäume, in den Wiesen befand sich eine Wasserpumpe. Das Projekt war sehr verlockend. Dennoch gab es ein Hindernis: Es war Ausländern nicht erlaubt, außerhalb der Städte Grundstücke zu kaufen, es sei denn, man verfügte über „Beziehungen". Doch die hatte man damals nicht.

Schließlich erreichte ihn 1998 unverhofft ein Angebot der franziskanischen Missionarinnen Mariens in Midelt. Deren Haus, das sie aus Altersgründen aufgeben wollten, lag 200 Kilometer südlich von Fès, unmittelbar vor der Bergkette des Atlas-Gebirges. Der Umbau in ein kontemplatives Zisterzienserkloster war nicht kompliziert. Eine Kiefernallee führte zur Kapelle, ein Innenhof mit Brunnen bildete den Kreuzgang, für Gäste war genügend Platz, der in Stufen angelegte Garten stand voller Blumen und Obstbäume und der nahe Stadtrand ermöglichte den erwünschten Kontakt zur Bevölkerung. Die Suche nach einer neuen Bleibe hatte ein Ende.

Ein Jahr zuvor war Jean-Pierre von der sechsköpfigen und somit wahlberechtigten Gemeinschaft in Fès zum Prior gewählt worden.

Die Präsenz des Generalabtes und des Abtes von Aiguebelle unterstrichen die Bedeutung dieser Ernennung. Das Ereignis war eine wichtige Zäsur. Fès war jetzt offiziell Nachfolgekloster von Tibhirine und Jean-Pierre trat als Prior in die Fußstapfen der inzwischen schon legendären Gestalt von Christian. Die Entscheidung wurde durch das Generalkapitel der Zisterzienser in Rom bestätigt. Für den neuen Prior war dieses Treffen ein bedeutendes Erlebnis; er wurde gleich von den französischen und spanischen Äbten umringt. „Ich spürte eine große Brüderlichkeit", berichtet er von dieser Begegnung, „wir waren eine weltweite Familie."

Im März des Heiligen Jahres 2000 fand der Umzug von Fès nach Midelt statt. Der Generalvikar des Erzbischofs von Rabat trug die Muttergottes-Ikone aus Tibhirine in die Kapelle, Jean-Pierre brachte sie in der Apsis an. Seine fünf Brüder folgten. Sie alle hofften auf einen Aufbruch, der jedoch vorerst ausblieb. Dom André Veilleux, sein vertrauter Bruder aus den schwierigen Tagen der Konflikte in Tibhirine, lud ihn nach Rom ein, wo ein Treffen mit 2.000 jungen Ordensleuten stattfand. Jean-Pierre saß in der ersten Reihe und wusste nicht, dass auch der Papst erscheinen würde. Über das Foto, das damals bei der Begrüßung gemacht wurde, ist er ein bisschen beschämt: „Es sieht aus, als ob wir uns umarmen würden."

Das Leben im Trappistenkloster von Midelt verlief bald in der stillen Routine der Zisterzienser-Tradition. Einige vom Generalabt genehmigte Ausnahmen, sonst aber ora et labora, große und kleine Stundengebete, Nachtvigil. Der Versuch von Amédée, mit jungen Mönchen in Algier eine neue Gemeinschaft zu gründen, ließ sich nicht verwirklichen. Zweimal jährlich kam Amédée, an Weihnachten und zum Fest des Heiligen Benedikt, nach Midelt. Ihm lag viel daran zu zeigen, dass er zu dieser Gemeinschaft gehörte. Nachdem 2001 das Gründungsprojekt in Algier endgültig gescheitert war, siedelte er in das Kloster am Atlas-Gebirge über. Jean-Pierre sagt: „Seit dem Tod der Brüder gab es zwischen uns eine starke Verbundenheit, dennoch gab er die Hoffnung nicht auf, eines Tages nach Algerien zurückkehren zu können."

Algerien, das war noch immer ein Trauma. Bischof Tessier bemühte sich weiter um die Genehmigung, in Tibhirine einen neuen Anfang unternehmen zu dürfen. Vergebens. Es war deprimierend. Französische Ordensleute zu entsenden erwies sich als unmöglich. „Die Schwestern von Bethlehem" nahmen die Einladung des Bischofs, dort zu leben, an, zogen aber bald wieder ab. Blieb der Versuch eines „Gärtners", sich in die ehemaligen Gärten des Klosters zurückzuziehen.

Jean-Pierre blickt auf diese Bemühungen nüchtern zurück: „Es sind ferne Erinnerungen, es fehlte das Geld. Außerdem würde die Bekanntheit dieses Ortes ein kontemplatives Leben unmöglich machen. Das ist nicht unsere Berufung. Immer mehr Touristen reisen an, Pilger möchten die Gräber besuchen."

Amédée hat sich in dem neuen marokkanischen Milieu schnell eingelebt. An sich war es für ihn auch nichts Neues. Jean-Pierre sagte von ihm, er sei für das Gemeinschaftsleben gemacht. Von Beginn an arbeitete er in der Wäscherei und in der Elektro-Werkstatt. Pförtner wie in Tibhirine war er nicht mehr. Sein alter Mitbruder lächelt. „Jeder empfängt bei uns jeden. Wenn das Telefon klingelt, laufen drei Mann zum Hörer."

Dann blickt er nachdenklich zum Fenster hinaus. „Ja, ich bin alt geworden. Und weit ist der Weg zurück nach Timadeuc, wo ich am Tag meines Eintritts glaubte, mein Leben lang dieselbe Wiesenlandschaft zu sehen."

Stundenbuch ~ Notre-Dame de l'Atlas
30. Juli 2011

6:30 Uhr: Die Sonne berührt bereits die gelben Mauern des Gästehauses. Die Wunderblumen – die Nachtschönen – verschließen sich. Sie sind Vertraute der Dunkelheit und ihrer Geheimnisse. Blüten, die in der Tageshitze ihre Kräfte keusch schonen. Sie haben schon alles gesagt über die Schönheit, von der Dostojewski schreibt, dass sie uns befreien wird.

7:15 Uhr: Die Laudes geht der Heiligen Messe voraus, Psalmen über Lebensfreude und Schöpferlust. Im Hochgebet wird täglich des Papstes gedacht. Man kann ihn sich in seiner hochgebildeten deutschen Korrektheit an diesem stürmischen Ort am Fuß des Hohen Atlas kaum vorstellen. Liest man jedoch sein Jesus-Buch, stehen da, neben viel Gelehrtheit, auch abenteuerliche Sätze über das Jenseits: „Kann es nur das geben, was es immer gab? Kann es nicht das Unerwartete, das Unvorstellbare, das Neue geben? Wenn es Gott gibt, kann er dann nicht auch eine neue Dimension des Menschseins, der Wirklichkeit überhaupt schaffen?" Und weiter: „Wartet nicht eigentlich die Schöpfung auf diesen letzten und höchsten Mutationssprung? Auf die Vereinigung des Endlichen mit dem Unendlichen, auf die Vereinigung von Mensch und Gott, auf die Überwindung des Todes"? [5]

Jean-Pierre sagt: „Wir stehen hier im Sog dieser Grenze."

10:00 Uhr: Freitagsgebet der Moslems, die Rufe der Muezzins folgen in kürzeren Abständen. In drei Tagen beginnt der Fastenmonat Ramadan. Die Mönche des Atlas-Klosters nehmen, mit Ausnahme des Sonntags, daran teil. Der Vollmond als Zeichen des Fastenbeginns wird für kommenden Montag im Morgengrauen erwartet. Jean-Pierre hat die Altersgrenze von 75

Jahren überschritten; die Ordensregel verbietet ihm zu fasten. Er lächelt. „Ich gehorche."

13:00 Uhr: Mittagshitze, lange Siesta, nichts regt sich mehr. Ein Gefühl der Leichtigkeit. Keine Vergiftung des Lebens mehr durch Verzifferung. Wind und Wolken sind Tagesereignisse, Glockenschläge Zeitzeichen. Hier sind alle gleich arm und gleich frei. Jean-Pierre nennt die Arbeiter, die mit Omar Wasserleitungen verlegen oder in den Beeten schuften, „Vorbilder". Nach moslemischem Brauch begrüßen sich die Mönche und ihr Personal erneut mit Handschlag und Friedensgruß. Kein Ritual, nichts als Lebensfreude. Die Gemeinschaft von Midelt ist ein Vorposten der Kirche. Extremer noch als in Europa sind sie christliche Minderheit, doch ist die Fremde ihre Heimat. Das Einfache und Kleine ist ihre Lebenskunst. Große Pläne haben sie keine, es sei denn, ein reines Herz zu bewahren und treu zu sein, was auch kommen mag.

14:40 Uhr: In den Schriften von Christian ein Wort des Wüstenvaters Hyperechios über das Schweigen: „Der Mönch sagt kein böses Wort, denn der Weinstock trägt keine Dornen."

18:50 Uhr: Wenn es Abend wird, küssen die Bienen die Nachtschönen wach. Doch nehmen diese sich Zeit, die Dunkelheit ist ihnen sicher.

20:00 Uhr: Die Papstworte über den Anbruch der Endzeit wirken nach. Die alten Griechen sprachen von einem „verschleierten Bild". Paulus schrieb: „Wir sehen wie durch einen Spiegel." Ernst Jünger notierte: „Vielleicht ist es einfacher, als wir denken, wenn es sich in einer Sekunde enthüllt."

5 Benedikt XVI., Jesus von Nazareth, Zweiter Teil: Vom Einzug in Jerusalem bis zur Auferstehung, S. 271; © Libreria Editrice Vaticana, Città del Vaticano; © Verlag Herder GmbH, Freiburg im Breisgau 2011

Kapitel 14

Das Testament

Im Vorhof des Atlas-Klosters verbirgt sich hinter der braunen Tür mit dem Namen „Tibhirine" das Oratorium zum Gedenken an die sieben Brüder. Der kleine Raum gleicht einer Totenkapelle, doch ist er ein Ort der Hoffnung. Wenn Jean-Pierre ihn betritt, geschieht es mit einem stolzen Lächeln, so als stelle er den Besuchern seine Familie vor. Er tritt vor die ikonenhaften Porträts der Verstorbenen und unterlässt es nicht, auf das Bild von Amédée am rechten unteren Rand hinzuweisen, der wie er überlebte. Auf dem weißen Fleck am linken unteren Rand ist Jean-Pierres Platz. „Wann Gott will ..." Er freut sich auf diesen „Tag aller Tage".

Auf dem Lesepult haben die Mönche das Testament von Christian ausgelegt. Es ist eine originalgetreue Kopie, der man ansieht, dass sie bereits sehr oft zärtlich berührt worden ist. Zwei große Seiten umfasst der von ruhiger Hand geschriebene Text. Obwohl es sich um eine dramatische Himmelsbotschaft handelt, ist nicht die Spur eines Zitterns zu erkennen. Dennoch hat ihr Autor bei der Niederschrift einige Worte groß geschrieben, denen er damit zwischen all den säuberlich gezirkelten Buchstaben feierlich Nachdruck verleiht: GEGEBEN ... FREUDE ... ALGERIER ... DANK ... A-DIEU ... INCH' ALLAH.

Kenner bezeichnen dieses Testament bereits als einen der wichtigsten spirituellen Texte des 20. Jahrhunderts und als ein literarisches Dokument. Unterschrieben wurde es am 1. Januar 1994. An diesem Neujahrstag, wenige Tage nach dem ersten Einbruch der GIA am Heiligabend 1993, entstand die endgültige Version. Darin war alles gesagt. Christian vertraute das Schreiben in einem doppelt verschlossenen Brief seinem jüngsten Bruder Gérard in Paris an. „Öffne ihn, wenn etwas passieren sollte“, stand in der beiliegenden Mitteilung.

Am Abend des Pfingstfestes 1996 war die Stunde dafür gekommen. Die Nachricht von der Ermordung der Mönche ging um die Welt. In dem um ihre Mutter versammelten Kreis der Familie de Chergé wurde der zweite Umschlag geöffnet, in dem sich das Testament befand. Sein Inhalt war so ergreifend, dass die Hinterbliebenen gleich begriffen, dass er den familiären Rahmen sprengte. So übergaben sie den Text der katholischen Tageszeitung „La Croix“, die ihn am 29. Mai 1996 veröffentlichte. Darin heißt es:

Wenn ein Abschied absehbar ist

Wenn es eines Tages geschehen sollte – und das könnte heute sein –, dass ich ein Opfer des Terrorismus werde, der sich nun auch gegen alle Fremden in Algerien zu richten scheint, so möchte ich, dass meine Gemeinschaft, meine Kirche, meine Familie sich daran erinnern, dass mein Leben Gott und diesem Land GESCHENKT war. Sie mögen annehmen, dass der einzige Meister eines jeden Lebens diesem schrecklichen Hinscheiden nicht gleichgültig gegenüberstehen kann. Sie mögen für mich beten. Wie soll ich würdig sein für ein solches Opfer? Sie mögen diesen Tod im Zusammenhang mit so vielen Toden sehen, die ebenso gewalttätig waren, aber in der Gleichgültigkeit dieser Zeit namenlos geblieben sind.

Mein Leben hat keinen höheren Preis als ein anderes, es hat aber auch keinen geringeren. Auf keinen Fall hat es aber die Unschuld der Kindheit bewahrt. Ich habe lange genug gelebt, um zu wissen, dass auch ich Komplize des Bösen geworden bin, das leider in der Welt die Oberhand zu behalten scheint, Komplize gar dessen, der mich dereinst blind erschlagen wird.

Ich möchte, wenn dieser Augenblick kommt, so viel ruhige Klarheit haben, dass ich die Vergebung Gottes und meiner Menschengeschwister anrufen kann, aber ebenso, dass ich dem aus ganzem Herzen vergeben kann, der mich umbringen wird.

Ich kann einen solchen Tod nicht wünschen. Es scheint mir wichtig, das zu bekennen. Ich sehe nicht, wie ich mich freuen könnte, dass dieses Volk, das ich liebe, ohne Unterscheidung wegen meiner Ermordung angeklagt wird.

Das, was man die „Gnade des Martyriums" nennen mag, ist zu teuer bezahlt, wenn man sie einem Algerier schuldet, wer dieser auch immer sein möge. Vor allem dann, wenn er sagt, er handle aus Treue zu dem, was er für den Islam hält.

Ich weiß wohl, wie sehr man die ALGERIER in ihrer Gesamtheit mit Verachtung belegt hat. Ich kenne auch die Karikaturen des Islam, die einen gewissen islamischen Fundamentalismus provoziert haben. Es ist zu leicht, sich ein ruhiges Gewissen zu verschaffen, indem man den religiösen Weg des Islam mit dem fundamentalistischen Integralismus und seinen Extremisten gleichsetzt.

Algerien und der Islam: Für mich ist das etwas anderes, für mich ist das wie Leib und Seele. Ich habe es oft genug beteuert: Im Hinblick auf alles, was ich erhalten habe, glaube ich hier den klaren Leitgedanken des Evangeliums wiederzufinden, den ich damals auf den Knien meiner Mutter, die meine allererste Kirche war, gelernt habe, genau hier in Algerien. Und damals schon in großem Respekt vor den muslimischen Gläubigen.

Mein Tod scheint denen recht zu geben, die mich immer für zu naiv oder zu idealistisch gehalten haben. „Soll er uns jetzt sagen, wie er darüber denkt!" Aber jene, die so dachten, müssen wissen, dass nun endlich meine Neugier gestillt wird.

Nun werde ich, wenn es Gott gefällt, meinen Blick mit dem des Vaters vereinen dürfen, um so mit ihm SEINE Kinder im Islam zu betrachten, und zwar so, wie er sie sieht, ganz erleuchtet von der Herrlichkeit Christi, auch sie Früchte seines

Leidens, angetan mit den Gaben des Geistes, dessen tief verborgene Freude immer die sein wird, die Gemeinschaft zu begründen und die Ähnlichkeit wiederherzustellen, indem er mit allen Unterschieden unter den Menschen spielt.

Dieses verlorene Leben, das so ganz meines ist, es wird ebenso ganz das ihre sein. Ich danke Gott, von dem mir scheint, er wollte dieses Leben ganz für die FREUDE, *gegen alles und trotz allem. In diesem Dank, in dem nun alles über mein Leben gesagt ist, schließe ich sicherlich euch ein, Freunde von gestern und von heute, ihr lieben Freunde von hier, an der Seite meiner Mutter und meines Vaters, meiner Schwestern und Brüder, hundertfach hinzugeschenkt, wie es versprochen war.*

Und auch du bist eingeschlossen, Freund meines letzten Augenblicks, der du nicht weißt, was du tust! Ja, auch dir gilt dieser DANK *und dieses* A-DIEU, *das du beabsichtigt hast. Dass es uns geschenkt sei, uns als glückliche Schächer im Paradies wiederzusehen, wenn es Gott, dem Vater von uns beiden, gefällt.*

Amen. INCH' ALLAH.

Algier, 1. Dezember 1993
Tibhirine, 1. Januar 1994
CHRISTIAN

Es fällt auf, dass Jean-Pierre im kleinen Oratorium der „sieben Schlafenden" mit seiner Hand nicht nur über das Testament seines ehemaligen Priors streicht, sondern sie eine Zeitlang darauf liegen lässt. So verehren die Menschen an Pilgerstätten die Reliquien. Es ist eine sonderbare, keineswegs selbstverständliche Berührung, die auf eine Entwicklung verweist, die sich ihren Weg zunächst bahnen musste. Jean-Pierre hat jahrzehntelang die kleinen Risse gespürt und manchmal darunter gelitten, wenn im Kapitel von Tibhirine Gegensätze auftraten. Meist handelte es sich um Fragen des Lebensstils und des Selbstverständnisses der Gemeinschaft. Christian, der in Paris als junger Priester unter Künstlern und Studenten gewirkt und sich an der Hochschule in Rom dem Studium des Islam verschrieben hatte, erschien den einfachen Brüdern im algerischen Atlas-Kloster wie ein Fremder, der sich an diesen Ort der Stille verirrt hatte. Seine intellektuelle Bildung und islamischen Präferenzen stießen vor allem bei den älteren Mönchen auf Widerstand. Jean-Pierre zählte zu dieser Gruppe und erklärt heute mit einem Lächeln: „Er wusste zu viel." Später sagt er milder: „Es war eine Einheit in der Verschiedenheit."

Erst als in den Jahren der Bedrohung eine ganz andere Solidarität verlangt wurde, änderten sich diese Empfindlichkeiten. Die Angst ging um, es war keine Zeit mehr, um über theologische Feinheiten zu diskutieren. Auch die Älteren erkannten jetzt in ihrem Prior einen Mann ernsthafter Leidensbereitschaft, der mit sich und den existenziellen Fragen des Fortbestands der Gemeinschaft rang. „So war er", beschreibt Jean-Pierre ihn, „seit dem ersten Überfall Weihnachten 1993 blickten wir zu ihm auf. Sein Mut hatte uns überzeugt."

In der Stunde der Not rückten alle zusammen; die Gemeinschaft hatte sich gefunden. Alle wollten bleiben, was auch immer kommen sollte. Es gab, trotz aller Bedrängnis, eine Hoffnung, die man später mit einer Feuersglut verglichen hat. In den drei Monaten nach der Entführung und erst recht nach der Todesnachricht ergriff diese stille Kraft die beiden Überlebenden. Das Testament war zutiefst auch an sie gerichtet; es erklärt die Gründe ihres Bleibens und offenbart eine Botschaft, die den Kern ihrer Berufung als Mönche traf. Dazu verfasste Jean-Pierre einen beeindruckenden Kommentar, nicht theologisch, sondern mit dem Herzen geschrieben. Alles steht darin, was er durchlebt und durchzittert hat. Das „A-Dieu" bestimmt die Richtung, er fühlt sich an die Dramatik des Abends von Gründonnerstag erinnert, als „die Stunde gekommen war". Selten sah ich ihn in Midelt so nachdenklich wie in den Momenten, in denen er über jenen Blutzoll sprach, den Tibhirine diesem Land geopfert hat. Leben und Sterben für Algerien gerieten zum einzigen Lebensziel. Jean-Pierre folgt in seinem Kommentar den Spuren des Testamentes von Christian:

„Wenn ein A-Dieu absehbar ist“

Bereits der Titel des Testamentes fasst den gesamten Inhalt zusammen. Aus dem Wort „Adieu“ wurde „A-Dieu“ (Zu-Gott-hin). Selbstverständlich ist das Absicht. Hier scheint es um Folgendes zu gehen: Der Augenblick ist gekommen, sich entschlossener Gott zuzuwenden und sich bewusster auf den Weg der Begegnung zu machen. „Zu-Gott-hin“ steht mehr für eine Gott zugewandte Aufmerksamkeit als für einen Abschied von der Welt der Personen und Dinge, die ihn im tagtäglichen Leben viel beschäftigten. Es geht darum, jetzt an die anstehende Wegstrecke zu denken, sie zu betrachten und sie gut zu leben. Es ist die letzte Etappe; alles deutet darauf hin, dass sie unmittelbar bevorsteht. Es ist die Ernsthaftigkeit der Existenz, in der man sich bewusst wird, dass die Stunde gekommen ist. Ernsthaftigkeit, die uns an Jesus am Abend des Gründonnerstags erinnert. Jesus weckt in dem Moment, in dem seine Passion beginnt, bei seinen Gefährten eine Ahnung dessen, was kommen wird.

„... So möchte ich, dass meine Gemeinschaft, meine Kirche, meine Familie sich daran erinnern, dass mein Leben Gott und diesem Land GESCHENKT war.“

Die Adressaten seiner Botschaft sind, in der Reihenfolge der Nähe, seine Gemeinschaft, seine Kirche, seine Familie. Welches ist diese Kirche, die er die „seine“ nennt? Er sagt nicht „Kirche“, sondern „meine“ Kirche. Dieses Wort birgt eine warmherzige Nuance: Er meint offenbar ein Band der Liebe und zarter Treue. Welche Kirche ist gemeint? Vermutlich ist es die Große Kirche von Jesus Christus und die lokale Kirche von Algier, die für ihn Fleisch annimmt und Gesichter hat: Hier befanden sich die innigen Bande brüderlicher Liebe und des herzlichen Zusammenseins.

„Mein Leben war Gott und diesem Land GESCHENKT.“

Es ist sehr wichtig, dass sich die Seinen immer daran erinnern; hier liegt das Gewicht seiner ganzen Existenz. Dies ist der Sinn des Wortes „geschenkt“, das er in Großbuchstaben schrieb. Diese Selbsthingabe hatte eine doppelte Zielrichtung: Zunächst zielte sie auf Gott ab, dem er sich durch die Entscheidung für das Priestertum geweiht hatte (den Wunsch verspürte er schon seit seinem achten Lebensjahr). Zum anderen spielt sie auf seine Berufung zum Mönchtum in der Einsamkeit des Klosters und die Entscheidung, diesen Ruf in Algerien zu leben, an. Christian sagte 1985 an Allerheiligen: „Durch das Blut dieses Freundes Mohammed, der ermordet wurde, weil er nicht mit dem Hass paktieren wollte, habe ich gewusst, dass meine Berufung, Christus zu folgen, früher oder später in diesem Land gelebt werden sollte, wo mir diese größere Liebe geschenkt wurde. Sogleich verstand ich, dass diese Hingabe in ein gemeinsames Beten hineinfließen müsse, um ein wahrhaftiges Zeugnis der Kirche und ein Zeichen der Gemeinschaft der Heiligen zu sein.“

„Sie mögen annehmen, dass der einzige Meister allen Lebens diesem schrecklichen Hinscheiden nicht fremd gegenüberstehen kann.“

Wie kann der einzige Meister und Freund allen Lebens ein solches Verbrechen zulassen? Die Antwort ist nicht einfach. Doch Christian lädt die Seinen nachdrücklich ein, zu akzeptieren, dass Gott darin gegenwärtig ist. Es ist wichtig, dies näher zu betrachten.

Da ist zunächst der Ausdruck „einziger Meister allen Lebens“, womit sich Christian auf eine tief im moslemischen Volksglauben verankerte dogmatische Formel bezieht: Tatsächlich ist Gott der Meister allen Lebens. Jedes Leben liegt in seiner Hand. In seiner Weisheit, seiner Macht und dem Respekt für jede seiner Kreaturen geht er damit um. Niemand hat das Recht, einem anderen das Leben zu nehmen; allein Gott entscheidet darüber. Diese Glaubenswahrheit ist manchmal eine wirkliche Hilfe, wenn bei Trauerfällen der Kummer zu groß und die Prüfung zu schwer ist. Der Gläubige weiß, dass es Gott in seinem souveränen Willen so gewollt hat. Er unterwirft sich demütig der göttlichen Entscheidung, so wie es sich von einem Diener gegenüber seiner Majestät geziemt. Einem Diener, der sich sicher ist, dass alles mit Weisheit beschlossen wurde.

Christian wusste, dass es eine andere Form göttlicher Gegenwart in unserem Leben gibt. Die Betrachtung der Passion Christi und sein eigenes mit dem Herrn verbundenes Leben haben ihm offenbart, dass Gott seinen vom Unglück betroffenen Kindern nahe ist.

In einem Psalm der Märtyrer-Liturgie heißt es: „Kostbar ist in den Augen des Herrn der Tod seiner Freunde." Christus, in seiner unaufhaltsamen Hoffnung und seiner wehrlosen Schwäche als treuer Diener Gottes, seines Vaters, hat sich in die allmächtigen Hände des einzigen Meisters des Lebens begeben. Er ist auferstanden, um überall zu verkünden, dass der Geist stärker ist als der Tod, der Geist der Auferstehung.

Christian wusste sehr gut, in welche Hände er seine Zukunft legen würde; die Angst war besiegt. Es lag ihm am Herzen, die Aufmerksamkeit derer, die er liebte, auf dieselbe Sichtweise des Glaubens zu lenken. Dieselbe Hoffnung auf den Gott der Liebe, der diesem Abschied nicht gleichgültig gegenüberstand, sondern auf innige Weise mit ihm verbunden war.

„Mögen sie für mich beten."

Viele haben mit Eifer dieser Bitte Christians entsprochen. Ich denke an seine Brüder, die Gefährten derselben Prüfung, die mit ihm 56 Tage in der Hand der Entführer gefangen waren.

Welchen Inhalt hatten diese brüderlichen und flehenden Gebete? Vermutlich meist dies: dass ihr Glaube nicht nachlasse. Dass ihre Treue zu sich selbst sowie zu ihren alten und neuen Aufgaben unerschütterlich bleibe. Dass die Liebe zu allen ihre Kraft und ihre Schönheit bis zum Ende bewahre, was auch immer geschehe. Dass ihre Hoffnung auf die Liebe, die stärker ist als alle Gewalt, ihnen Licht in der Traurigkeit sei. Dass ihr Glaube an die verborgene Barmherzigkeit im Menschen heil bleibe. Auch der Glaube an die Barmherzigkeit des Schlimmsten unter ihnen, wie es mit Blick auf den „Freund der letzten Minute" anklingt. Schließlich auch, dass sie sich selbst treu bleiben, als Mönche. Vor allem beteten viele für sie, dass der Herr in ihrer Mitte bleibe und sie gemeinsam in seiner Gnade bewahre.

Christian fragte sich: „Wer weiß, ob es nicht der Wille Gottes ist, dass dies alles so kommen musste, damit unter diesen Leuten (der GIA) Männer des Gebetes, Ordensmänner seien. Männer, die Beschimpfungen nicht erwidern, die üble Behandlung ohne Klage mit Schweigen hinnehmen, die beten und auf das Böse mit Barmherzigkeit antworten. Damit sie sich im Angesicht dieses Vorbilds der Männer Gottes vom Weg des Bösen, auf den sie sich leider begeben haben, abwenden. Wie soll ich würdig sein für ein solches Opfer?"

„Mein Leben hat nicht die Unschuld der Kindheit bewahrt."

Es fällt schwer zu verstehen, weshalb sich Christian als ein Komplize des Bösen dieser Welt betrachtete. Er, der seit seiner frühesten Kindheit und Jugend an nichts anderes gedacht hatte, als sich Gott hinzugeben und sich in den Dienst des Nächsten zu stellen. Er, der in den letzten Jahren Gott darum bat, aus ihm ein „entwaffnetes" Wesen zu machen. In der Hoffnung, dass damit auch die „Entwaffnung" anderer – in seiner Nachbarschaft und in der ganzen Welt – gefördert werden könnte.

Dieses Gefühl der Komplizenschaft mit dem Bösen, dessen Fänge sich über den gesamten Globus ausbreiten – war es bei ihm darauf zurückzuführen, dass er sich solidarisch mit allen fühlte, wer auch immer sie waren und wo auch immer sie sich befanden? Wollte er das Gewicht des Bösen, das die Menschen belastet und schwächt, auf sich nehmen? Sich, wie es Thérèse von Lisieux formulierte, „an den Tisch der Sünder setzen"? Wir alle tragen Mitschuld an allem, was in der Menschheitsfamilie schiefläuft. Es ist unsere Aufgabe, es zu ändern und zu heilen. Wenn wir auf diesem Gebiet nachlässig sind, wenn wir nicht handeln, wie es unserer Aufgabe entspricht, sind wir mitverantwortlich für das Ergebnis.

Einem Mönch, der sich berufen fühlt, ist diese Sicht der Dinge nicht fremd. Er weiß, dass er sich im Exil befindet. So wie Adam nach dem Sündenfall. Für sich und seine Brüder strebt er danach, das gelobte Land wiederzufinden. Er spürt, dass er mit seinen persönlichen Möglichkeiten danach streben muss – in jener „Schule der Nächstenliebe", seinem Kloster. Hungernd nach Vergebung. Hungernd danach, jedem Menschen zu verzeihen. In dem Bewusstsein, dass sich Vergebung nicht darin erschöpft, mit einem Schwamm über die Fehler zu wischen, sondern vielmehr eine zerbrochene Beziehung wiederherzustellen. Ein verwundetes Herz zu heilen. Keine Ruhe zu finden, bis das Ziel erreicht ist.

„Ich möchte, wenn dieser Augenblick kommt, so viel ruhige Klarheit haben, dass ich die Vergebung Gottes und meiner Menschengeschwister anrufen kann, aber ebenso, dass ich dem aus ganzem Herzen vergeben kann, der mich umbringen wird."

„Ich kann einen solchen Tod nicht wünschen."

Christian hat mehrmals gesagt, dass er nicht durch ein Attentat sterben möchte. Wenn jemand zum Märtyrer wird, wird gleichzeitig ein anderer schuldig – er wird zu einem Mörder unter Brüdern. „Das, was man die ‚Gnade des Martyriums' nennen mag, ist zu teuer bezahlt", sagte Christian, vor allem wenn dieser Schuldige ein Algerier wäre, der im Namen seiner Religion handelt. Damit würde er auch sein Land und den Islam in Misskredit bringen. Christian war immer darum besorgt, den Dialog zu fördern. Es war sein größter Wunsch, dass Christen und Moslems beide im Hören auf Gottes Wort vorankommen und sich dessen Willen unterstellen. In seinem eigenen tragischen Ende, das er voraussah, spürte er nicht nur eine Niederlage, sondern auch einen großen Herzensschmerz.

„Algerien und der Islam: Für mich ist das etwas anderes, für mich ist das wie Leib und Seele."

Algerien hat eine lebendige und reiche Tradition, eine ganz besondere Kultur. In bestimmten Personen und Gesichtern spiegelt sich die Geschichte des Volkes. In der Art und Weise, wie sie sich immer wieder von einem besonderen Geist beleben lassen. Für Christian war es eine Welt, die ihn förmlich mitriss, eine Welt, der er seit Jahren nahestand. Schon in der Kindheit wurde seine Neugier geweckt und seitdem hat ihn die Kultur und vor allem das Glaubensleben der Moslems fasziniert. Er wollte den Geist, der in dieser Kultur von innen wirkt, in Aktion sehen. Mehr noch, er wollte ihn spüren, berühren. Woher kam dieser „Geist"? Führte er zu einer persönlichen Beziehung mit Gott? Wenn ja, war es möglich, einen gemeinsamen Weg zu gehen und einander zu helfen?

Christian sah in seinem leidenschaftlichen und brüderlichen Weg ein großes Abenteuer. Ein Unterfangen, das dem Plan Gottes für die Menschheit, so, wie er ihn aus den Schriften und Dokumenten der Kirche herauslas, entsprach: Gott kommt den Menschen entgegen, ohne Ansehen der Person. Christian verfolgte den Gedanken, Hand in Hand mit anderen „Betenden" ein Stück des Weges zu gehen, in absoluter Treue zum christlichen Glauben und seiner Berufung als Mönch. Oft entdeckte er dabei einen „roten Faden des Evangeliums", ein Zeichen für das Wirken von Gottes Geist.

„Ein Leitgedanke des Evangeliums, den ich damals auf den Knien meiner Mutter, die meine allererste Kirche war, gelernt habe …“
Herrliche Dankbarkeit eines Sohnes!

„Ich war fünf Jahre alt und entdeckte Algerien während meines ersten dreijährigen Aufenthalts. Ich habe mir gegenüber meiner Mutter eine große Dankbarkeit bewahrt, die meine Brüder und mich den Respekt vor der Rechtschaffenheit und der Gebetsweisen der Moslems gelehrt hat. ‚Sie beten‘, sagte meine Mutter. So habe ich immer gewusst, dass der Gott des Islam und der Gott Jesu Christi nicht mehrere sind.“

Christian hatte sein wahres Glück darin gefunden, das Herz dieses Körpers schlagen zu hören und seinen Blick in diese Seele zu versenken. Deshalb liebte er die Begegnungen mit moslemischen Sufis und die tägliche Gastfreundschaft für die kleinen Leute aus der Nachbarschaft ebenso wie die Lesung und die Betrachtung der Heiligen Schriften des Islam.

Seine Mutter hatte ihm ein Gefühl dafür vermittelt, was es heißt, ein Kind Gottes zu sein. Ihr Handeln wurde für ihn zu einer Schule göttlicher Weisheit. Einer Weisheit, die seinen Geist erleuchtete und ihn als eine unerschöpfliche Quelle des Lichtes und der Freude begleitete. Sie stand für die Gegenwart der Kirche. Und das Kind wurde zum Träger der Gnade dieser Kirche.

„SEINE Kinder im Islam … Ganz erleuchtet von der Herrlichkeit Christi … angetan mit den Gaben des Geistes …“

Das Geheimnis der Heiligen Dreifaltigkeit! Das Wort „SEINE“ hat Christian in Großbuchstaben geschrieben. Ein Hinweis auf die Beziehung des Vaters zu den Gläubigen des Islam: Sie sind ebenfalls seine Kinder. „SEINE“ – ein Wort voller Gemeinsamkeit und unsagbarer Zärtlichkeit. Diese göttliche Sichtweise möchte sich Christian zu eigen machen. Er möchte das Geheimnis entdecken, um darin einzutauchen und selbst ganz verändert zu werden.

„Erleuchtet von der Herrlichkeit Christi!“ Ist dies nur eine Hoffnung für die ferne Zukunft? Oder geschieht es nicht schon hier und heute, weil die Liebe, die beide Glaubensgemeinschaften erfasst hat, bereits gewaltig handelt und ein Zeichen der Hoffnung ist? Hat Christus in seiner Passion sein Leben nicht für alle Menschen hingegeben?

Gestärkt mit den Gaben des Geistes! Ist dies ohne die Taufe möglich? Man denke an eine Stadt im „Belagerungszustand“, am Rande der Kapitulation. Doch mit dem Geist Gottes sehen viele Dinge anders aus: Hinter den Festungsmauern herrscht fröhliche Komplizenschaft. Das Ja dessen, der sich ausliefert, ist nicht das eines Besiegten. Es ist eine Freude und ein gemeinsamer Sieg: „Komm, Heiliger Geist!“

„Dieses ‚verlorene' Leben, Gott scheint es, um dieser Freude willen, gewollt zu haben. Ich danke Gott!“

Das Testament von Christian, in dem er sich, wie in seinem gesamten Leben, den Händen seines geliebten Herrn überlässt, kann in einem Wort zusammengefasst werden: „Danke.“ Ein Dank an den einen Gott, der ihn offenbar für diese Freude geschaffen hat. Und ein Dank an den, der ihn auf vollendete Weise bis an den höchsten Punkt seiner Anstrengungen geführt hat. Der ihn dort voller Gnade erhören und empfangen wird, einer Gnade, die alles übertrifft, was er sich jemals hat vorstellen können. Gleichzeitig und in derselben Bewegung seines Herzens gilt dieses „Danke“ allen, die ihn auf diesem nicht immer einfachen Weg begleitet, verstanden und unterstützt haben. Ein herzliches Danke an jene Gefährten der Hoffnung, die mit ihm den Brunnen lebendigen Wassers tiefer gegraben haben. Ein Brunnenschacht voller Wasser, das weder christlich noch moslemisch ist, sondern ganz einfach das Wasser Gottes.

Mit seiner Danksagung ist Christian ein glücklicher, zutiefst mit Freude erfüllter Zeuge der Wahrheit des Evangeliums: „Amen, ich sage euch: Jeder, der um meinetwillen und des Evangeliums willen Haus oder Brüder, Schwestern, Mutter, Vater, Kinder oder Äcker verlassen hat, wird das Hundertfache dafür empfangen: Jetzt in dieser Zeit wird er Häuser, Brüder, Schwestern, Mütter, Kinder und Äcker erhalten, wenn auch unter Verfolgungen, und in der kommenden Welt das ewige Leben" (Markus 10,29–30).

„DER FREUND DER LETZTEN MINUTE"

Sein letzter Gedanke gilt dem Menschen, der ihn treffen und töten wird. Er nennt ihn „Freund der letzten Minute". Weshalb? Sind das nicht nur Worte? Wenn er ihn hier liebevoll betrachtet, möchte er in ihm nichts anderes sehen als jenes tiefe Ich. Einen Menschen, allein mit sich selbst, durchdrungen von einem verborgenen Durst nach Anerkennung; empfangen und verstanden. Der seiner Traurigkeit entrissen ist und die Unschuld eines Kindes wiederentdeckt, ein wahrhaftiger Bruder in der großen Familie der Kinder Gottes.

Christian möchte zwischen diesem Menschen und den anderen Algeriern keinen Unterschied machen. Seine Augen und sein Herz sollen sich für jene Sichtweise öffnen, die keine Unterschiede zwischen den Menschen macht. Verwandelt wird er auferstehen. Die Liebe, die von oben kommt, ist stärker als der Tod – sie muss das letzte Wort haben.

„Der Herr allen Lebens kann diesem brutalen Hinscheiden nicht fremd gegenüberstehen."

Jean-Pierre erkennt in dieser Passage des Testamentes eine sonderbare Fügung, denn er weiß aus Tausenden von Stundengebeten, „wie kostbar in den Augen des Herrn der Tod seiner Freunde ist" (Psalm aus der Litanei der Märtyrer). Er vergleicht sie mit dem Sterben Christi am Kreuz. Der gekreuzigte Gottessohn kehrt zurück zum barmherzigen

Gott. Er sieht die durchbohrte und die väterliche Hand. Tod, wo ist dein Stachel? „Christian wusste, in welche Hände er fallen würde", sagt Jean-Pierre, „die Angst war besiegt."

Manchmal entsteht der Eindruck, dass Jean-Pierre das Testament seines Bruders mit anderen Worten weiterschreibt. An diesen Stellen berühren sich subtil Echo und Antwort. Wenn Christian zu Beginn seines Textes seine Gemeinschaft, seine Kirche und seine Familie bittet, für ihn zu beten, dann drängt es Jean-Pierre, über die Gebete derer zu schreiben, die 56 Tage in Gefangenschaft waren: „Welchen Inhalt hatten diese brüderlichen und flehenden Gebete? Vermutlich meist dies: dass ihr Glaube nicht nachlasse. Dass ihre Treue zu sich selbst sowie zu ihren alten und neuen Aufgaben unerschütterlich bleibe. Dass die Liebe zu allen ihre Kraft und ihre Schönheit bis zum Ende bewahre, was auch immer kommen möge. Dass ihre Hoffnung auf die Liebe, die stärker ist als alle Gewalt, ihnen Licht in ihrer Verlassenheit sei. Dass ihr Glaube an die verborgene Barmherzigkeit im Menschen heil bleibe. Auch der Glaube an die Barmherzigkeit des Schlimmsten unter ihnen, wie es mit Blick auf den ‚Freund des letzten Augenblicks' anklingt. Dass sie sich selbst treu bleiben können, als Mönche. Vor allem baten sie Gott darum, in ihrer Mitte zu bleiben und sie gemeinsam in seiner Gnade zu bewahren."

Nachdem in Algerien Ende 1993 die politische Entwicklung außer Kontrolle geraten war und Christen auf offener Straße ermordet wurden, wurde der Ruf, die Mönche sollten ihr im Bergland liegendes und somit besonders gefährdetes Kloster verlassen, zunehmend lauter. Wiederholt lehnten sie dies ab, auch als der Vorwurf ausgesprochen wurde, sie „suchten das Martyrium". In vielen Erklärungen widersprachen sie dem, so wie Christian in seinem Testament: „Ich kann einen solchen Tod nicht wünschen." Auch für Jean-Pierre war es gleichbedeutend mit „Scheitern", in den Tod zu gehen und andere schuldig werden zu lassen. „Das ist zu teuer bezahlt."

Algerien und der Islam, das war für Christian weit mehr als Geographie und Religion. Seit seiner Kindheit spürte er in seinem Leben immer wieder „Fingerzeige Gottes“. Wegweisungen, von denen er nicht wusste, ob sie in die „persönliche Kindschaft Gottes“ führten. Wenn dies jedoch so sein würde, wollte er an diesem „leidenschaftlichen und brüderlichen Abenteuer“ teilnehmen.

Jean-Pierre ist begeistert von dem Bekenntnis, dass Madame de Chergé, Christians Mutter, „die allererste Kirche“ ihres Sohnes gewesen ist. Und er erinnert noch einmal daran, dass sie es war, die ihn den Respekt vor dem Gebet der Moslems gelehrt hat. „Sie beten“, antwortete sie auf die Frage ihres Kleinen, als dieser von den Gebetsformen des Islam noch keine Ahnung hatte.

Stundenbuch ~ Notre-Dame de l’Atlas
31. Juli 2011

7:15 Uhr: Jean-Pierre liest in seinem blutroten Gewand das Evangelium von der Enthauptung Johannes des Täufers: Herodes beim Festmahl mit Herodias, der Frau seines Bruders; die schöne Tochter tanzt, der Alte verspricht ihr alle Reiche dieser Erde; seine infame Geliebte verlangt das Haupt des Johannes. Die Exekution des letzten Propheten wiegt mehr als Gold und Silber. Auf einer Schale bringt der Henker das Haupt.

Bei der Öffnung der Särge mit den sieben Köpfen der Entführten im Militärhospital Ain Naadja hat der Generalabt Dom Olivera an diese biblische Szene erinnert.

Die gefallene Welt hat Vergnügen daran, sich an den Heiligen zu rächen. Die Enthauptungen des eingekerkerten Johannes und die der Entführten von Tibhirine stehen in sonderbarem Zusammenhang.

7:30 Uhr: Lektüre. Dom Olivera schreibt an alle der 4.500 Mitglieder des Trappistenordens über das „Testament“ von Christian, es bezeuge die Haltung der gesamten Gemeinschaft von Tibhirine.

8:00 Uhr: Gestern Abend ist Françoise, eine 65-jährige Französin, aus den Bergen eingetroffen. Acht Tage hat sie die Franziskanerinnen als Entwicklungshelferin unterstützt. Verborgene Präsenz unter den Zelten in 2.500 Metern Höhe, Arbeit bei den halbnomadischen Berbern: gebärende Frauen, bedürftige Kinder, Behinderte, Kranke, Sterbende. Ohne Beistand karitativer Organisationen, die Lebensmittel, Medikamente und Kleidung schicken, ist dieser Einsatz nicht möglich. Früher hat sie als

Managerin in einem grafischen Beruf gearbeitet. Die Halbjüdin polnischer Abstammung schaffte es zweimal, den Krebs zu besiegen. Nach den Erfahrungen der Todesnähe und dem Mord an den Trappisten von Tibhirine hat sie ihr Leben radikal geändert. Als José-Luis ihr auftischen will, ist sie zu müde, um noch zu essen, und nimmt nur einen großen Schluck aus der Wasserflasche. Der Staub steckt noch in ihren Klamotten. Sie sehnt sich nach einer Dusche.

8:45 Uhr: Der Prior hat mir auf einem USB-Stick alle Informationen über die Chirurgin Elisabeth Lafourcade gespeichert, die in der Region als Marabouta (Heilige) verehrt wird. Es ist sein Herzenswunsch, dass ihr Leben in Europa bekannt wird: „All diese Schwestern hier – jede für sich eine ‚Mutter Teresa', nur still und unerkannt."

Jean-Pierre bekräftigt, dass im Atlas-Kloster die Beziehungen zwischen Mönchen und Frauen völlig unkompliziert sind. Er hat vor Jahrzehnten hinter den Mauern der Trappistenabteien noch ganz andere Fronten gekannt: „Vor der Marienikone danke ich, es überstanden zu haben."

Mein Einwand, dass die Bibel nur wenige Hinweise auf Maria enthält; einige Verse bei Jesaja und überschaubare Passagen im Neuen Testament. Dann wieder sein besänftigendes Lächeln. „Ich glaube, eine Mutter spricht für sich. Erst recht diese Mutter."

12:10 Uhr: Jean-Pierre erzählt immer wieder von seinem schrulligen Freund Luc: „Er war alt und Asthmatiker. Was mag er während der 56-tägigen Entführung erlebt haben? Früher mussten wir Edith Piaf auflegen, wenn er krank war. In der Bibel las er vorzugsweise das Buch Kohelet und die Verse über den

Schächer. Ausnahmslos Geschichten, die mit dem Ende zu tun haben. Nach seinem Tod haben wir die Briefe an seine Freunde gelesen, in jedem ein Schatz:

‚Ein Kranker ist weder Soldat noch Widerstandskämpfer, sondern ein Bedürftiger. Hier werden keine Ausweise kontrolliert. Der ärztliche Eid verpflichtet dazu, alle Kranken zu versorgen, selbst den Teufel.'"

Wenn Jean-Pierre Zweifel beschlichen und er sich Luc anvertraute, legte dieser seinen Arm um dessen Schulter und sagte:

„Weißt du, gegenüber so viel Gewalt gibt es nur zwei Möglichkeiten: entweder so handeln wie Maximilian Kolbe – ‚Stellvertreter sein' – oder wie Jesus – ‚mit-leiden'."

15:50 Uhr: Kann sich Jean-Pierre vorstellen, dass man die Köpfe der Brüder auf der Straße nach Medea in einem Baum entdeckt hat? Er sieht diese makabren Dinge nüchtern: „Sie wollten beweisen, dass meine Brüder wirklich von Terroristen getötet wurden. Vielleicht war es aber auch zu schwierig, im Bergland die Körper zu transportieren." Er kennt die Stelle genau: „Es war am Stadtrand, in dem Baum in der Nähe der Tankstelle."

17:00 Uhr: Jean-Pierre wird wieder um seinen Rat gebeten. Nicht selten geht es um Tod und Teufel, vor allem die älteren Menschen haben Angst. Doch er teilt diese nicht: „Todsünden werden viel seltener begangen, als wir glauben. Der Teufel triumphiert nur, wenn eine bewusste Absicht da ist, das Böse zu tun. Sein Ziel ist die Trennung vom vitalen Strom. Er ist der große Trennende."

20:00 Uhr: Stille, kaum Wind in den Bäumen. Es läutet zur Komplet, dem Nacht- und Abschiedsgebet. Ich werde es mitnehmen, zurück nach Europa. Wir haben eben noch einmal über den Tod gesprochen: „Ich hoffe, dass es ein Fest sein wird" – Jean-Pierre lächelt wie ein kleiner Junge –, „die so sehr ersehnte Begegnung. Man muss darauf vorbreitet sein. Ich bitte unseren Herrn jeden Abend, dass er mich vorbereitet. Ich wende mich auch an seine heilige Mutter, dass es der schönste Tag in meinem Leben wird."

Abendnebel in Tibhirine, auf den nahen Bergen liegt noch Schnee.

Im verwaisten Innenhof sind nur die Kreuze geblieben. Die folgende Doppelseite zeigt die Berge von Tibhirine, das Rückzugsgebiet der GIA-Entführer.

Der Name Tibhirine bedeutet „Die Gärten"; sie waren der Arbeitsplatz der Mönche.
Die Türen stehen offen: Blick in den Klausurbereich.

Das verlassene Kloster ist heute eine Gedenkstätte, ein Pilgerort.
Noch immer herrscht Polizeischutz.

Das Treppenhaus führt hinauf in den Zellentrakt.
Rechts unten: Ein Blick in den Innenhof des Kreuzgangs.

Der Aufseher lebt heute in Tibhirine wie ein Eremit.

In den Gräbern der sieben enthaupteten Brüder befinden sich nur die Köpfe. Die Körper wurden nie gefunden.

Hin und wieder findet noch ein Gottesdienst in der alten Kapelle statt.

Manchmal kommen Besucher für einige Tage in das verlassene Kloster.
Die Winter am Atlas sind grau und kalt.

Der letzte Überlebende,
Frère Jean-Pierre, sagt:
„Jetzt ist alles gut.“

Kapitel 15

Roter Teppich für Tibhirine

Für die Darsteller, den Produzenten und den Regisseur des Films „Von Menschen und Göttern" waren es Tage des Glücks. Die Premiere des Films am 18. Mai 2010 bei den internationalen Filmfestspielen von Cannes wurde von der Presse gefeiert; zehn Minuten Applaus folgte der offiziellen Vorführung. Eine Woche später wurde der Film mit dem Großen Preis der Jury ausgezeichnet. Schauspieler, Produzent und Regisseur standen auf dem roten Teppich des Festspielhauses. Staunend, schüchtern lächelnd, als könnten sie es noch nicht glauben. Die meisten im Smoking. Sabrina Ouazani, die Darstellerin von Rabbia, dem jungen Mädchen aus Tibhirine, in langem, flammendem Rot. Neben ihr, wie im Film, Michel Lonsdale, der unverkennbare Toubib Luc, mit weißem Sacco und rotem Schal. Lambert Wilson, der Prior Christian spielt, mit Sonnenbrille, alle Kollegen überragend. Wenn man den demütigen, dramatischen Film kennt, ist es eine fast surrealistische Szene, doch sollten die Reaktionen der Menschen der Entscheidung der Jury recht geben. Weltweit sahen Millionen Zuschauer den Film und die bald darauf erscheinende DVD. Der Glamour von Cannes wurde von großer Filmkunst eingeholt. Das große Publikum auch.

Im April 2006 hatte der Produzent Etienne Comar den Dokumentarfilm „Das Testament von Tibhirine" von Emmanuel Audrain gesehen und war tief beeindruckt gewesen. 2007 schlug er Regisseur Xavier Beauvois dieses Thema für einen Film vor. Er wusste, dass dieser immer auf der Suche nach starken Persönlichkeiten und Themen war und sich bei Dreharbeiten in einer Art und Weise als Regisseur zurückhält, als würde er an einem Dokumentarstreifen arbeiten.

Beide schrieben ein Drehbuch, dessen Kern aus der Darstellung der Mönche bestand, die entschlossen waren, um jeden Preis in Algerien zu bleiben. Dies war anspruchsvoll, doch sie ließen sich von den Schriften des Priors Christian und des Mönch-Dichters Christophe inspirieren. Es konnte keine größere Nähe geben.

Bevor die Dreharbeiten begannen, verbrachten die Schauspieler eine Woche in der Trappistenabtei Tamié. Sie lebten in kargen Klosterzellen. Es folgten Proben in gregorianischem und liturgischem Gesang. Henry Quinson, der Autor eines Buches über Tibhirine und ehemaliger Mönch aus Tamié, erteilte dem gesamten Team Ratschläge für Ton, Kulissen und Kostüme, getreu dem strengen Leben der Trappisten. Schließlich wurde das Drehbuch den Familien der Opfer und den Mönchen von Tamié vorgelegt. Es gab starke Einwände. Der ursprünglich geplante Drehort, das verwaiste Kloster Tibhirine, kam aus Sicherheitsgründen nicht infrage. So wich man nach Marokko aus, wo sich in Toumliline, auf 1.600 Metern Höhe im Atlas-Gebirge, ein ehemaliges Benediktinerkloster befindet. Die meisten der Kritiker des Projektes fürchteten Repressalien für die Mönche von Midelt. Berater Quinson hatte Albträume: „Ich bin der Totengräber von Midelt ..."

Ein wichtiger Punkt: Der etwas sonderbar klingende Titel des Films „Von Menschen und Göttern" stand von Anfang an fest; Beauvois ließ ihn sich nicht ausreden. Er bezieht sich auf das Alte Testament, Psalm 82, Verse 6 und 7: „Wohl habe ich gesagt: Ihr seid Götter, ihr alle seid Söhne des Höchsten. Doch sollt ihr nun sterben wie Menschen, sollt stürzen wie jeder der Fürsten."

Der Film zeigt jedoch nicht das Sterben der Mönche, auch bleiben die erschreckenden Attentate des algerischen Bürgerkriegs meist im Hintergrund. Im Gegenteil, im Mittelpunkt steht der Aufruf der Benediktregel – „Ora et labora – Bete und arbeite". Der Terrorismus zeigt das Böse nur in seinen lokalen und regionalen Bezügen.

Der wahre Kampf findet in den Herzen statt: Es geht um eine freie Entscheidung im Angesicht tödlicher Gefahr. Nach und nach rückt die Frage des Martyriums in den Mittelpunkt. Das Wort, das man meidet, ertönt in einem vorgetragenen Zitat aus dem Testament von Christian: „Das, was man die ‚Gnade des Martyriums' nennen mag, ist zu teuer bezahlt, wenn man sie einem Algerier schuldet, wer dieser auch immer sein möge ..."

So gerät, nahezu unauffällig, das dramatische Thema des Opfers in den Fokus. Es ist ein nahezu antikes Niveau, das bis zum Ende durchgehalten wird: Eine der letzten Szenen zeigt Bilder wie am Gründonnerstag beim Letzten Abendmahl. Die Mönche im Kapitelsaal versammelt, Luc spielt vom Band Tschaikowskis „Schwanensee". Eindringliche, große Emotion vor einem tragischen Abschied. Dieser findet in Schnee und Nebel statt.

Als es während der Dreharbeiten – man drehte gerade die Entführung und sprengte dafür die Tür zum Kloster – plötzlich zu schneien begann, verwarf der Regisseur Xavier Beuavois spontan seinen ursprünglichen Plan, den Mord an den Brüdern zu zeigen. Er wählte stattdessen das Szenario einer sich im Nebel entfernenden Gruppe. Mönche und ihre Entführer, die zusammen im Bergwald verschwinden: „So bleibt bei den Zuschauern das Bild des Unvorhersehbaren zurück ... ein schönes Geheimnis auf dem Gipfel ihrer Hingabe an den Herrn und für das algerische Volk", sagt Jean-Pierre.

Vor dem Hintergrund der Schlussphase seines Lebens spielt der Film für Jean-Pierre eine ungeahnt wichtige Rolle. Er nähert sich mit den Mitteln der Kunst, wie in einem Spiegel, dem Geheimnis der sieben Brüder. Den Bildern, die der betagte Mann im Herzen trägt, haben sich neue, jedoch keine anderen hinzugefügt. Auf diese Weise wurde in aller Welt eine Botschaft der „Hoffnung wider alle Hoffnung" verbreitet. Der letzte Überlebende von Tibhirine ist nicht allein. Er spürt die Solidarität von Millionen Menschen, auch von vielen, die sich vom Glauben entfernt haben. „Ich bin gerührt von diesem Film“, sagt er mit brechender Stimme. Würde er weitersprechen, kämen ihm die Tränen.

Jean-Pierre macht kein Hehl daraus, dass er zusammen mit den Brüdern von Midelt ursprünglich das Filmprojekt abgelehnt hat. „Wir waren gegen die Dreharbeiten in Marokko, weil wir nicht von den Medien verdächtigt werden wollten, Proselytismus zu betreiben und Moslems zum Christentum zu bekehren. Das war nie unsere Absicht; bereits in Tibhirine hatten wir dies absolut ausgeschlossen. Man muss bedenken, dass wir ein sehr zurückgezogenes Leben führen. Zum Zeitpunkt der Projektplanung wurde manchen noch das Einreise-Visum verweigert. Es hieß, vorsichtig zu sein.“ Ein zweiter Grund der Zurückhaltung war nicht minder verständlich: „Wir fürchteten, dass der Film das wahre Zeugnis der Brüder und ihres Schicksals nicht in ausreichendem Maß darstellen würde. Doch wurden wir seit den ersten Aufnahmen eines Besseren belehrt. Ich hoffe, dass man diese Bedenken versteht; ich bin etwas beschämt, plötzlich bekannt zu sein. Wir Mönche führen ein zurückgezogenes Leben ...“

Sensibel musste man auch bei der Darstellung der Beziehungen der Mönche zur einheimischen Bevölkerung vorgehen. Hier galt es wiederum, den richtigen Ton, das subtile Bild zu finden. Jean-Pierre erinnert sich in diesem Kontext an das schwierige Jahr 1964, sein erstes Jahr in Tibhirine, als unmittelbar nach der algerischen Unabhängigkeit der Fremdenhass alles bekämpfte, was irgendwie an das koloniale Erbe erinnerte. Zu diesem Zeitpunkt beschloss die Gemeinschaft, sich nur noch in ziviler Kleidung außerhalb der Klostermauern zu begeben. Jean-Pierre lächelt über eine Ausnahme: Sein geliebter Freund Luc pflegte die Kranken weiter kostenlos in seinem braunen Bruder-Habit, das einer Djellaba glich. Seine Begründung: „Ich fürchte den Tod nicht, ich bin ein freier Mensch.“

Die Filmemacher ließen jedoch alle vorgebrachten Gründe für die Ablehnung des Projektes nicht gelten. Sie wussten, was sie wollten: weder Glamour noch Action, sondern innere Leidenschaft. Jean-Pierre sagt rückblickend: „Sie waren sehr respektvoll. Dies spiegelt auch die herrliche Wirklichkeitstreue wieder, mit der alles gedreht wurde, selbst wenn einige Details nicht dem wahren Ablauf entsprechen. Mein Bruder Amédée hätte sich zum Beispiel, wie es der Film zeigt, in der Entführungsnacht niemals aus Furcht unter seinem Bett versteckt, so war er nicht. Er galt als empfindsam und liebenswert, doch Angst hat er nicht gekannt."

Die kritischen Kommentare über die von Lambert Wilson gespielte Rolle des Priors Christian, der im Film zu streng und grüblerisch gewirkt habe, will Jean-Pierre nicht gelten lassen. Man müsse die bedrohliche Situation der Gemeinschaft bedenken: „Er war nicht mehr der herzlich lächelnde Christian der unbehelligten Jahre. Ich bewundere ihn in dieser Rolle, wie er auf die Brüder hört, vor allem in den schweren Momenten. Er will sich nicht aufdrängen und bemüht sich, Gott zu suchen. Darin kommt ein typisch mönchisches Verhalten zum Ausdruck." Jean-Pierre verweist noch einmal auf das drei Jahre zuvor geschriebene Testament, dass das Ergebnis einer starken Passion war: „In den Monaten stets bedrohlicher werdender Prüfung musste sich diese Leidenschaft bewähren, er musste sie uns Brüdern unzweifelhaft beweisen. Sein Vorbild war großartig. Unsere Entscheidung, bei den armen Menschen von Tibhirine zu bleiben, war einstimmig."

Jean-Pierre ist begeistert von den Vorbereitungen der Schauspieler. In der Darstellung von Loïc Pichon erkennt er sich gleich wieder, „obwohl wir uns gar nicht ähnlich sind". Später schrieb er ihm: „Es ist euch gelungen, in das Leben und die Seele der Mönche einzutauchen ... Wie schön, es ist wunderbar." Er freut sich über die Anstrengungen, die in der Abtei Tamié unternommen wurden, um sich auf das alltägliche Leben der Trappisten einzulassen: „Die Schauspieler haben sich innerlich verändert und haben versucht, der geheimnisvollen Realität treu zu sein. Das reicht bis zu den gregorianischen Gesangskursen. Ich glaube, sie sangen sogar besser als wir."

Bis ins kleinste Detail der stillen Landschaftsaufnahmen zählt nichts anderes als das, was er „die Botschaft" nennt. „Der Film ist eine Ikone, sie birgt mehr, als sie zeigt ... gregorianischer Gesang, das ist mehr als Noten, es geht tief hinein. Dieser Film ist ein Meisterwerk."

Am 4. November 2010 kam es in Rom zu einem besonderen Ereignis. Der Film „Von Menschen und Göttern" wurde der Vollversammlungen der Generaloberen und -oberinnen vorgeführt. Anschließend ergriff der emeritierte Abt der belgischen Trappistenabtei Westmalle, Dom Yvo Dujardin, das Wort. Nach intensiven 120 Minuten dem Film noch einen Vortrag folgen zu lassen war ein Risiko. Manch einer würde sich jetzt am liebsten in das entfernteste Zimmer zurückziehen, sagte der Mönch, der gestand, nach der Todesnachricht aus Tibhirine geweint zu haben. Doch ging es ihm auch darum, die Morde in den Gesamtkontext der algerischen Kirche zu stellen, die zwischen 1994 und 1996 neunzehn tödliche Anschläge verzeichnen musste.

Im Gegensatz zu den zwölf anderen Opfern, die Ende 1993 nach der Aufforderung, das Land zu verlassen, meuchlings ermordet wurden, waren die Mönche in Tibhirine um Weihnachten 1993 von den Terroristen gewarnt worden, dass sie zurückkommen würden. Dahinter vermutet Dom Dujardin eine besondere Berufung, „das innere Feuer aller anderen in Algerien" zu verdeutlichen. Ausdrücklich erkennt er dieses bei den Toten wie bei den Überlebenden. Mit Letzteren meinte er ausdrücklich die Brüder Amédée und Jean-Pierre. Auch ihnen obliege die Aufgabe, die innere Geschichte der getöteten Brüder und Schwestern zu verkünden. Das Charisma der Zisterzienser erhalte durch Tibhirine ein neues „Symbol missionarischer Präsenz in der Welt“ – ob man den Glauben nun in Gefahr oder in friedlicheren Situationen lebe. Die Sicht auf dieses Symbol hat der Film frei gemacht.

Henry Quinson, der „monastische Berater“, hat dem spirituellen Hintergrund des Films ein Buch gewidmet. Er stellt die Frage nach dem weltweiten Erfolg: „Liegt es an den Menschen, die ihn verwirklicht haben? Das kleine, in Algerien verloren gegangene Kloster, ist zu einem als ‚wunderähnlich‘ bezeichneten ‚gesellschaftlichen Phänomen‘ geworden. Birgt es ein tieferes Geheimnis?“ Regisseur Xavier Beauvois hatte es vor den Dreharbeiten noch deutlicher gesagt: „Ich möchte das Geheimnis der österlichen Menschwerdung zeigen.“ Er, der als ungläubig galt, gesteht: „Ich habe mich in die Brüder verliebt. Ich kann nur mit Licht arbeiten, es einfangen und weitergeben. Wir werden das Licht der Brüder in der ganzen Welt leuchten lassen wie Sterne am Himmel.“

Stundenbuch ~ Notre-Dame de l'Atlas
1. August 2011

8:30 Uhr: Wenn man nach Wochen im Kloster seine Siebensachen packt, erhalten die Gegenstände eine spirituelle Schwerkraft. Die Notizblöcke sind gefüllt. Da stehen Aufzeichnungen intensiver Gespräche. Das Stundenbuch enthält die kleinen, lapidaren Ereignisse eines Tages, einer Nacht. Die Mine eines Kugelschreibers ist fast leer. In den Büchern des Papstes und Ernst Jüngers stecken Lesezeichen. Der Wecker steht noch auf 3:45 Uhr, die Uhrzeit des Nachtoffiziums. Unter dem Sternenhimmel bedurfte es keiner Taschenlampe. Der Blumensamen ist wie Drogenpulver verpackt. Der Prior hat mir noch einen USB-Stick mit wichtigen Dokumenten übergeben. Selbst die Zahnbürste hat eine andere Bedeutung; sie ist das Zeichen des Beginns reicher Tage.

Die Bücher und Schriften, die Jean-Pierre mir brachte, sind so weit wie möglich gelesen, die Zettel geordnet. Alles wichtige Passagen und Zeugnisse einer Präsenz in der Verborgenheit. Rot unterstrichen einige Worte von Luc an seinen Neffen in Paris: „Ich bin alt, krank und müde. Ein Mensch ist nur ein elendes Ding, wenn seine Seele nicht singt. Ich bitte den Herrn, mir Freude zu schenken."

9:00 Uhr: Noch einmal ein Blick auf die Landschaft. Der in Stufen angelegte Garten mit den Obstbäumen. Die Nachtschönen, die sich im ersten Morgenlicht wieder verschlossen haben. Die sich im leichten Wind beugenden Malven und Rosen. Dahinter die Gipfel des Hohen Atlas. Mächtig und ruhig wie die biblischen Gottesberge.

9:40 Uhr: Die Kapelle ist noch leer, nur Jean-Pierre taucht hin und wieder aus der Sakristei auf und bereitet den Altartisch vor. Hier ist der Ort, an dem sich die Dinge konzentrieren. Der Ort langer Tag- und Nachtgebete. Der Ort des Ewigen Lichtes, des Kreuzes und der Ikonen. Ihr Goldglanz hebt sich von den kargen Steinen ab. Da ist etwas Symbolisches, Wüstenstrenge und der Schatz im Acker.

Die Pforte besteht nur aus einem großen Fliegengitter, die Hitze dringt nach innen, als glühe hier ein verborgenes Feuer.

10:00 Uhr: Sonntagsmesse vor meinem Abschied. Da sehe ich sie alle wieder. Meinen väterlichen Begleiter Jean-Pierre, leicht gebeugt mit dem Lächeln des Herzensfriedens. Der Prior, sportlich und seiner Sache sicher. José-Luis, der fröhlichste von allen. Der hagere Godefroid, konzentriert an der Zither. Dann die Reihe der Schwestern, in leichten Sommerkleidern im Gebet versunken, eine Koreanerin trägt die Lesung vor. Schließlich meine drei spanischen Freunde, frisch geduscht, wie ein Wachposten in der letzten Reihe.

11:15 Uhr: In der Kapelle von Charles de Foucauld, die ich gleich nach meiner Ankunft zuerst betreten hatte. Leere Kirchen bergen eine starke Präsenz. Große Stille um den Wüstenheiligen. Er steht am Anfang einer neuen Hinwendung der Kirche zum Islam. Gebet in der Sprache der Einsamkeit, nichts fordernde Nächstenliebe, demütige Suche nach dem gemeinsamen Vater. Blut als Saat für den Geist. Christian hat eine Krisenzeit in der Einsiedelei des „kleinen Bruders“ im Hoggar-Gebirge verbracht. Jean-Pierre sagt: „Ein anderer kehrte zurück.“

13:15 Uhr: Am Tisch Gespräche über den Erfolg des Films von Xavier Beauvois. Vergleiche mit dem Weizenkorn, dem Senfkorn. Durch das Kreuz zum Licht. Noch vor der Preisverleihung reagierte die Weltpresse in Cannes enthusiastisch, manche Zuschauer weinten. Im Chaos der Zeit ein Lichtblick. Im globalen Tumult ein Zeichen der Stille. Für zwei Stunden das Gefühl von Heilung. Da hatte jemand gewagt, wieder von Gott zu sprechen.

14:00 Uhr: Die Umarmungen des Abschieds. Vertraute verlassen ist wie ein bisschen sterben. Da stehen die vier Mönche in der glühenden Sonne. Wehrlose Güte, leuchtende Augen, winkende Hände. Jean-Pierre der kleinste und älteste. Wahrscheinlich werden wir uns nie wiedersehen, doch bleibt alles in unseren Herzen. Dann öffnet sich das große Holztor. Staub wirbelt auf. Adieu, Midelt. Adieu, guter Freund.

Die Trappisten

Der Mönchsorden der Trappisten ging aus mehreren Reformbewegungen hervor, die ursprünglich im 12. Jahrhundert in der französischen Abtei Cîteaux (Burgund) ihren Ausgang nahmen. Aus dem Benediktinerorden hervorgehend, breitete sich der neue Zweig unter dem Einfluss von Bernhard von Clairvaux in ganz Europa aus. Nach seinem Niedergang im 16. und 17. Jahrhundert reformierten sich diese als Zisterzienser bezeichneten Mönche erneut, vor allem 1662 unter Armand Jean de Rancé in der Abtei La Trappe (Normandie). Daher der Name „Trappisten". In der katholischen Kirche hat der Orden seit 1903 die offizielle Bezeichnung „Zisterzienser von der strengeren Observanz" (OCSO).

Die Reform von La Trappe war gekennzeichnet durch ein strenges Gebets- und Arbeitsleben, durch Schweigen, Nachtwachen und Askese. Das geistliche Leben des Ordens schöpft aus der Bibel, der Regel von Benedikt von Nursia sowie den mystischen Schriften der Mönchs- und Wüstenväter.

Trappistenklöster befinden sich meist an abgelegenen Orten. In ihnen herrscht große Einfachheit. Der Männerorden zählt zurzeit weltweit in 102 Gemeinschaften 2.083 Mitglieder. In den 74 Frauenklöstern leben 1.736 Schwestern (Zahlen 12/2010).

Die deutschen Trappistenklöster befinden sich in der Eifel in Mariawald, zwei Frauenkloster in Dahlem (Maria Frieden) und in Dannenfels (Gethsemani). Die österrreichischen Trappistenmönche leben in Engelszell.

Die Ordensmitglieder tragen ein weißes Habit mit schwarzem Skapulier und Ledergürtel sowie als Chorkleidung die weiße Mönchkukulle. Die bekanntesten von ihnen waren im 20. Jahrhundert der spätere Sahara-Einsiedler Charles de Foucauld, der amerikanische Schriftsteller Thomas Merton sowie der Prior des algerischen Klosters Tibhirine, Christian de Chergé.

Weitere Informationen: www.ocso.org

Foto: David Hagemann

Über den Autor Freddy Derwahl

Geboren 1946 in Eupen (Belgien), studierte in Löwen, Aachen und Paris Literatur und Soziologie. Journalist und Korrespondent für eine deutsche Tageszeitung in Brüssel, anschließend Redakteur beim Belgischen Rundfunk und Fernsehen (u. a. als Leiter der BRF-Kulturredaktion). Sabbatzeit in den USA, Gasthörer an der Lateran-Universität in Rom. Seit 2007 freier Schriftsteller. Mitglied des PEN-Clubs.

Im deutschsprachigen Raum wurde er mit seinen Veröffentlichungen über Papst Benedikt XVI. („Der mit dem Fahrrad und der mit dem Alfa kam") sowie seine Biografie über Pater Anselm Grün bekannt. Weitere Publikationen in der Frankfurter Allgemeinen Zeitung (FAZ), in „Die Zeit" sowie bei ARTE und dem ORF.

Als junger Mann war er Anwärter (Postulant) im Kloster in Tibhirine. Er kannte die ermordeten Mönche. Jean-Pierre, der letzte Überlebende, ist sein väterlicher Freund.

Über den Fotografen Bruno Zanzottera

Geboren 1957 in Monza. Bereits in seiner Jugend starkes Interesse für die keltische Kultur. Erste Reportagen über das Dublin von James Joyce und die Wikinger auf den Shetland-Inseln. Ende 1979 erste Reise in einem alten Peugeot 404 von Frankreich nach Afrika, von der Sahara zur Atlantikküste und in die Staaten am Golf von Guinea. Seitdem ständige Aufenthalte auf dem Schwarzen Kontinent. Wiederholt Fotoreportagen über die afrikanischen Länder und ihre Völker. 2007 Mitbegründer der Agentur „ParalleloZero" in Mailand. Mitarbeiter zahlreicher geografischer und Reise-Zeitschriften, u. a. Geo, Focus, Figaro-Magazine, Airone, Panorama Travel.

MIX
Papier aus verantwortungsvollen Quellen
FSC
www.fsc.org
FSC® C014889

Verlagsgruppe Random House FSC®N001967

1. Sonderauflage 2016
Bestell-Nr. 835120
ISBN 978-3-86334-120-6

Korrektur: Dr. Ulrike Kloos
Umschlaggestaltung: Gute Botschafter GmbH, Haltern am See
Fotos Farbteil und Umschlagfotos: Bruno Zanzottera, Mailand
Gestaltung: Stefan Wiesner
Satz: Immanuel Grapentin
Druck: Friedrich Pustet, Regensburg
Printed in Germany

www.adeo-verlag.de